문형과 회화로 만나는 중국어 1

문형과 회화로 만나는 중국어 1

| 홍영희 · 임재호 지음 |

HU:iNE

들어가는 말

중국은 이제 명실공히 세계의 경제대국으로서 미국과 어깨를 나란히 하고 있습니다. 그에 따라 중국어를 공부하려는 사람들도 많아졌고, 중국어 교재도 셀 수 없이 많이 출판되고 있습니다.

최근 출판된 기초 및 초급 수준의 중국어 교재들은 대부분 상황별 회화를 중심으로 구성되어 있고, 필요한 상황에 맞는 중국어 표현에 대한 연습만을 주로 강조하고 있습니다. 그러다 보니, 학습자들은 중국어 문장의 구조와 형식에 대한 제대로 된 이해와 연습이 부족한 상태에서, 어떤 상황에 필요한 일부 문장들만 통째로 외우게 됩니다. 하지만 이런 방법만으로는 필요한 문장들을 외워도 금방 잊게 되고, 유사한 문장으로의 응용도 쉽지가 않습니다.

본 교재는 2012년 출판된 상황별 회화 중심의 『중국어 첫걸음』의 단점을 보완해, 중국어의 각종 문형에 대한 이해와 연습을 더욱 강화하였습니다. 각 문형을 도식화하여 한국어 어순과의 차이를 알기 쉽게 하였고, 기본문형과 응용문형을 쉽게 반복적으로 연습할 수 있게 하였습니다.

기존의 교재들과는 특징을 달리하는 '문형 중심의 교재'이기에, 중국어 교재 시장에서 얼마나 성과를 올릴 수 있을지 확신할 수 없는 상황에서, 교재의 기획 의도에 선뜻 동의하고 출판을 허락한 한국외국어대학교 지식출판원에 깊이 감사드립니다.

아무쪼록 이 책이, 중국어 정복의 꿈을 지닌 모든 분들에게 즐거운 출발이 되기를 바라면서......

2017년 11월 29일

강릉 원주대 강릉캠퍼스에서
홍영희, 임재호

문형과 회화로 만나는 중국어 1

과별 목차 및 주요 학습 내용

이 책의 구성 및 특징

발음 익히기, 발음 다지기

교재의 1과에서는 중국어의 성모, 운모, 성조를 익히고, 2과에서는 연습 문제를 통해 성모, 운모, 성조를 다집니다.

단어

문형 연습 및 회화 연습에 나오는 새 단어들의 발음과 뜻을 학습합니다. 『중국어1』은 주로 新 HSK 1급과 2급의 단어들로 구성되었습니다.

문형 연습

중요 문형을 이해하고 연습합니다. 기본 문형 연습과 응용 문형 연습으로 구성되어 있습니다. 기본 문형연습에서는 10개의 연습 문장이 제시되는데, 문형 연습을 쉽게 할 수 있도록 하기 위해, 바로 앞의 문장에서 한두 개의 단어만 바꾸면 문장을 만들 수 있게 고안하였습니다. 응용 문형 연습은 기본 문형을 응용하여 문장을 만드는 것으로, 5개의 연습 문장이 제시됩니다. 문형 노트를 통해 문형을 알기 쉽게 설명하였습니다.

회화 연습

연습한 문형들이 실제로 어떻게 쓰이는지 회화를 통해 확인하고, 연습한 문형을 바탕으로 다양하고 생생한 생활 회화를 연습합니다.

회화 노트

대화 중에서 설명이 필요한 단어나 문장은 회화 노트에 알기 쉽게 설명하였습니다.

실력 업그레이드 필수 보충 단어

각 과의 회화 본문과 관련된 주제별 어휘가 제시됩니다.

연습 문제

듣기, 말하기, 읽기(독해), 쓰기 각 영역 별로 연습 문제를 제시하여, 각 과의 주요 학습 내용을 다양한 방식으로 연습하게 고안하였습니다.

일러두기

고유명사 표기

인명, 지명 등의 중국어의 고유명사는 중국어 발음을 한국어로 표기하는 것을 원칙으로 하였으나, 우리에게 한자 독음으로 널리 알려진 것들에 대해서는 한자 독음으로 표기하였습니다.

李娜 리나　　邓小平 등소평　　北京 베이징

등장 인물

王老师 왕선생님, 중국어를 가르치는 중국 선생님
洪老师 홍선생님, 중국어를 가르치는 한국 선생님
林东炷 임동주, 중국어를 배우는 한국 남학생
金泫暻 김현경, 중국어를 배우는 한국 여학생
贾斯汀 저스틴, 중국어를 배우는 미국 남학생
李　娜 리나, 한국어를 배우는 중국 여학생
张　伟 짱웨이, 한국어를 배우는 중국 남학생

문형과 회화로 만나는 중국어 1

중국어 기초 상식

1. 중국어란?

중국어는 세계의 언어들 가운데 사용 인구수가 가장 많은 언어인데, 중국(중화인민공화국)과 대만(중화민국)에 사는 사람들의 대부분이 사용할 뿐만이 아니라, 인도네시아, 싱가포르, 말레이시아 등 세계 각지에 널리 퍼져 있는 화교들이 사용하는 언어이기도 하다. 중국은 우리나라 같은 단일민족으로 이루어진 국가가 아니라 여러 민족으로 이루어진 국가인데, 그 중 한족(汉族 Hànzú)이 중국 인구의 대부분을 차지하고 있다. 그래서 중국 사람들은 중국어를 '한족의 언어'라는 뜻으로 '한어(汉语 Hànyǔ)'라고 말한다.

2. 북경사람이랑 홍콩사람이랑 말이 안 통한다! - 보통화

중국은 56개의 민족으로 이루어진 다민족 국가이며, 또한 지역마다 방언의 차이가 매우 심해서 의사소통에 어려움을 겪기도 하는데, 이를 해결하기 위해 중국 정부는 표준어를 제정하여 널리 보급하고 있다. 표준어를 중국어로는 '보통화(普通话 pǔtōnghuà)'라고 한다. 보통화는 '베이징 지역 발음을 표준 발음으로 하고, 북방 지역의 말을 기초방언으로 하며, 모범적인 현대 구어로 쓰인 저작물을 문법의 표준으로' 삼고 있다. 이 책에서도 보통화, 즉 표준 중국어를 다루고 있다.

3. 어라! 한자가 우리하고 다르네! - 간체자

學 15획	学 7획
우리나라에서 쓰는 번체자	중국에서 쓰는 간체자

3,000여 년의 역사를 지닌 한자는 세계에서 가장 오래된 문자 중의 하나로서 중국의 귀중한 문화유산이지만, 쓰기에 복잡하고 학습하기 어렵다는 큰 단점을 가지고 있다. 중국 정부는 1956년부터 한자 간화 운동을 통해 한자의 획수를 간략하게 줄인 '간체자(简体字 jiǎntǐzì)를 제정 공포하였는데, 이것이 현재 중국 대륙에서 사용하고 있는 공식적인 한자이다. 간체자는 한국, 대만, 홍콩, 일본 등지에서 사용하고 있는 번체자와는 그 자형에서 차이가 있지만, 번체자를 기초로 하여 일정한 규칙에 따라 간략하게 변형된 것이 많다.

4. 중국어 발음은 어떻게 표기하나? - 한어병음

한자는 뜻을 나타내는 표의문자에 가깝기 때문에, 중국에서는 오래전부터 한자의 발음을 표기하는 다양한 방법이 존재해 왔다. 1958년 한어병음방안(汉语拼音方案 Hànyǔ pīnyīn fāng'àn)이 공포된 이후부터는 한어병음으로 발음을 표기하고 있는데, 이 한어병음방안은 로마자 기호에 성조 부호를 붙여서 발음을 표기하는 방법이다. 영어와 같은 알파벳 기호를 사용하지만, 그것을 발음하는 방식은 다르다.

5. 중국어 음절은 어떻게 구성되어 있나? - 성모, 운모, 성조

学 x ué 성조

성모 운모

중국어는 한자 하나의 독음이 한 음절이 된다. 우리말의 각 음절이 자음과 모음으로 이루어져 있는 것처럼, 중국어의 각 음절은 우리말의 자음과 비슷한 '성모(声母 shēngmǔ)', 우리말의 모음과 비슷한 '운모(韵母 yùnmǔ)' 그리고 소리의 높낮이를 나타내는 '성조(声调 shēngdiào)'로 이루어져 있다.

제1과

발음 익히기

주요 학습 내용

- 성조 익히기
- 운모 익히기
- 성모 익히기

성조 익히기

중국어는 대부분의 음절에 소리의 높낮이의 변화가 있는데, 어떤 음절은 높은 음에서 낮은 음으로 발음하고, 어떤 음절은 낮은 음에서 높은 음으로 발음한다. 이러한 소리의 높낮이의 변화를 성조라고 한다. 성조를 잘 지켜서 발음해야 하는 이유는 성조가 다르면 뜻도 달라지기 때문이다.

mā 妈 엄마　　má 麻 마　　mǎ 马 말　　mà 骂 욕하다

중국어 표준어의 성조에는 4개의 기본 성조, 즉 **제1성 · 제2성 · 제3성 · 제4성**(편의상 '제'를 생략해서 말하기도 한다)과 기본 성조에서 변형된 것이라 할 수 있는 **경성**이 있다.

1. 기본 성조

1성 - 높은 음에서 높은 음으로, 길게 소리 낸다.

ā　bā　ī　pī　ū　mū

2성 - 낮은 음에서 높은 음으로, 소리를 점점 크게 해서 단숨에 끌어올린다.

á　bá　í　pí　ú　mú

3성 - 중간 음에서 아주 낮은 음으로 떨어뜨렸다가 살짝 올린다. 소리가 들리지 않을 정도로 많이 내려간다.

ǎ　bǎ　ǐ　pǐ　ǔ　mǔ

※ 실제 대화할 때 제3성은 종종 다 발음하지 않고, 전반부의 음이 내려가는 부분만 발음하는데, 이를 '반3성'이라 한다.

4성 - 높은 음에서 낮은 음으로, 곡선을 그리는 느낌으로 소리를 떨군다.

à　bà　ì　pì　ù　mù

2. 경성

중국어의 일부 음절은 짧고 약하게 발음하는데, 이를 경성이라고 한다. 경성에도 음의 높이가 있는데, 경성의 음높이는 앞 음절 성조의 영향을 받아 결정된다. 경성에는 성조 부호를 붙이지 않는다.

māma 엄마	yéye 할아버지
nǎinai 할머니	bàba 아버지

3. 성조 표기

성조는 운모 위에 표기를 하는데, 운모가 여러 개의 모음으로 이루어져 있을 경우에는, 가장 밝고 크게 발음되는 모음 위에 표시한다. 일반적으로 a, o, e, i, u, ü의 순서대로 표기를 하면 되는데, i와 u가 동시에 올 때는 무조건 뒤에 있는 모음에 성조 표기를 한다. i에 성조를 표기할 경우에는 위의 점(·)은 빼고 표기하며, 경성은 성조 부호를 붙이지 않는다.

엄마 māma　할머니 nǎinai　6 liù　맞다 duì

4. 3성의 성조 변화

중국어에서 단어 '一'와 '不', 그리고 '3성'의 성조는 뒤 음절의 성조에 따라 그 성조가 변한다. 여기서는 3성의 성조 변화에 대해서만 익혀 보자.

3성이 단독으로 쓰일 때는 3성으로 발음하지만, 뒤에 다른 음절이 이어질 때는 3성으로 발음하지 않고, 발음의 편의를 위해 성조를 아래와 같이 변화 시킨다.

(1) 3성 뒤에 1 · 2 · 4성 혹은 경성의 음절이 오면, 앞의 3성은 반3성으로 발음한다.

Běijīng 베이징　　nǎinai 할머니

(2) 3성 뒤에 같은 3성의 음절이 오면, 앞의 3성은 2성으로 발음한다. 단, 3성 표기는 변하지 않는다.

Nǐ hǎo 안녕!　　shuǐguǒ 과일

성조 연습

1. 녹음을 듣고 큰 소리로 따라 읽으세요.

① ā á ǎ à

② bā bá bǎ bà ③ dā dá dǎ dà

④ nā ná nǎ nà ⑤ kā ká kǎ kà

⑥ ī í ǐ ì

⑦ mī mí mǐ mì ⑧ tī tí tǐ tì

⑨ pī pí pǐ pì ⑩ dī dí dǐ dì

⑪ ū ú ǔ ù

⑫ kū kú kǔ kù ⑬ bū bú bǔ bù

⑭ gū gú gǔ gù ⑮ tū tú tǔ tù

2. 녹음을 듣고 성조를 표기하세요.

① ba ② pi ③ mu

④ di ⑤ ta ⑥ ku

⑦ gu ⑧ na ⑨ ti

⑩ pa ⑪ mi ⑫ du

⑬ mama ⑭ yeye ⑮ nainai

⑯ baba ⑰ gugu ⑱ didi

운모와 성모 익히기

운모

음절에서 성모와 성조를 제외한 부분인데, 주로 우리말의 모음과 유사하다. 운모는 하나의 모음만으로 구성된 것도 있고, 2~3개의 모음이 합쳐진 것도 있으며, 모음과 자음으로 이루어진 것도 있다. 정확한 운모의 소리는 주로 정확한 입술모양에서 나온다.

• 운모표

ɑ	ɑi	ɑo	ɑn	ɑng							
o	ou	ong									
e	ei	en	eng	er							
i	iɑ	ie	iɑo	iou (iu)	in	ing	iɑn	iɑng	iong	-i (zi)	-i (zhi)
u	uɑ	uo	uɑi	uei (ui)	uɑn	uɑng	uen (un)	ueng			
ü	üe	üɑn	ün								

1. 각 운모들의 발음 요령

(1) 기본 운모

a : 입을 크게 벌리고 '아'처럼 발음한다.

o : '아'와 '오'의 중간음이며, 입술을 둥글고 크게 모아 발음한다.

e : **'으어'처럼 발음하되 '으'는 짧게 발음한다. 입술 모양을 아래위로 약간 벌리면서 발음한다.**

i : 우리말의 '이'처럼 발음하되 입술을 옆으로 약간 더 벌린다. 결합하는 성모에 따라 우리말 '으'에 가깝게 발음되기도 한다.

u : 입술을 둥글게 오므려 앞으로 내밀며 '우'처럼 발음한다.

ü : **휘파람을 불 때처럼 입술을 아주 둥글게 오므리고서 '이'발음을 한다. 발음을 하면서 입술을 펴서는 안 된다.**

※ 다음은 두 개 이상의 모음으로 이루어진 운모들인데, 이 운모들을 발음할 때 입이 크게 벌어지는 모음의 소리를 크고 오래 발음하고, 입이 작게 벌어지는 모음의 소리를 작고 짧게 발음한다.

(2) a로 시작하는 운모

ai : '아이'처럼 발음한다.

ao : '아우'처럼 발음한다.

an : '안'처럼 발음한다.

ang : '앙'처럼 발음한다.

(3) o로 시작하는 운모

ou : '어우'처럼 발음한다.

ong : '옹'과 '웅'의 중간음으로 발음한다.

(4) e로 시작하는 운모

ei : '에이'처럼 발음한다.

en : '언'처럼 발음하되, 입을 작게 벌린다. '엔'으로 발음해서는 안 된다.

eng : '엉'처럼 발음하되, 입을 작게 벌린다. '엥'으로 발음해서는 안 된다.

er : '얼'처럼 발음하되, 혀끝이 입천장에 닿지 않게 혀를 살짝만 들어준다.

(5) i로 시작하는 운모

ia : '이아'처럼 발음한다.

ie : '이에'처럼 발음한다.

iao : '이아우'처럼 발음한다.

iou : '이어우'처럼 발음한다. 이 운모가 성모와 결합할 경우, 중간에 있는 모음 o는 발음이 거의 나지 않기 때문에 표기할 때도 o는 생략한다.

in : '인'처럼 발음한다.

ing : '잉'처럼 발음한다.

ian : '이앤'처럼 발음한다.

iang : '이앙'처럼 발음한다.

iong : '이융'처럼 발음하는데, 이 때 '이'는 아주 짧고 약하게 발음한다.

(z)i, (zh)i : 특정 성모(z,c,s 혹은 zh,ch,sh,r) 뒤에서만 나는 소리이다. '이'처럼 발음해서는 안 된다.

(6) u로 시작하는 운모

ua : '우와'처럼 발음한다.

uo : '우어'처럼 발음한다.

uai : '우아이'처럼 발음한다.

uei : '우에이'처럼 발음한다. 이 운모가 성모와 결합할 경우, 중간에 있는 모음 e는 발음이 거의 나지 않기 때문에 표기할 때도 e는 생략한다.

uan : '우안'처럼 발음한다.

uen : '우언'처럼 발음한다. 이 운모가 성모와 결합할 경우, 중간에 있는 모음 e는 발음이 거의 나지 않기 때문에 표기할 때도 e는 생략한다.

uang : '우앙'처럼 발음한다.

ueng : '우엉'처럼 발음한다.

(7) ü로 시작하는 운모

üe : '위에'처럼 발음한다.

üan : '위앤'처럼 발음한다.

ün : 우리나라 발음의 '윈'과 비슷하나, 발음이 끝날 때까지 입 모양이 변하지 않아야 한다.

2. 병음 표기 규칙(1)

(1) 운모로 시작하는 음절의 병음 표기

일반적으로 하나의 음절은 성모·운모·성조로 이루어지지만, 일부 음절은 성모 없이 운모와 성조만으로 음절을 이루기도 한다. 운모와 성조만으로 음절을 이룰 때, 앞 음절과의 구분을 쉽게 하기 위해 아래와 같은 별도의 표기 규칙이 있다.

① i가 단독으로 하나의 음절을 이루면 i앞에 y를 붙이고, i로 시작하는 음절일 경우 i를 y로 바꿔 쓴다. in과 ing은 i앞에 y를 붙인다.

i	ie	iao	iou	ian	in	iang	ing	iong
yi	ye	yao	you	yan	yin	yang	ying	yong

② u가 단독으로 하나의 음절을 이루면 u앞에 w를 붙이고, u로 시작하는 음절일 경우 u를 w로 바꿔 쓴다.

u	uo	ua	uai	uei	uan	uen	uang	ueng
wu	wo	wa	wai	wei	wan	wen	wang	weng

③ ü가 단독으로 하나의 음절을 이루거나 혹은 ü로 시작하는 음절일 경우 ü를 yu로 바꿔 쓴다.

ü	üe	üan	ün
yu	yue	yuan	yun

④ a, o, e가 단독으로 하나의 음절을 이루거나 혹은 a, o, e로 시작하는 운모가 음절을 이룰 경우에는 별도의 표기 규칙이 없이 그대로 표기한다. 단, 이러한 음절이 다른 음절의 뒤에 있을 경우에는 음절간의 경계를 구분하기 위해 두 음절 사이에 **격음부호**「 ' 」를 사용한다.

조용하다	ānjìng
귀엽다	kě + ài → kě'ài
천안문	tiān + ān + mén → Tiān'ānmén

(2) iou, uei, uen 의 병음 표기

운모 iou, uei, uen는 성모와 결합할 때, 가운데 모음 o, e의 소리가 거의 나지 않으므로 이 운모들이 성모와 결합하여 음절을 이룰 때는 가운데 모음인 o, e를 쓰지 않는다.

6	l + iòu → liù
맞다	d + uèi → duì
졸리다	k + uèn → kùn

운모 연습

1. 녹음을 듣고 큰 소리로 따라 읽으세요.

① ā āi āo ān āng

② ó óu óng

③ ě ěi ěn ěng ěr

④ yì yà yè yào yòu

⑤ yīn yīng yān yāng yōng

⑥ wú wá wó wái wéi

⑦ wǎn wǎng wěn wěng

⑧ yù yuè yuàn yùn

2. 녹음을 듣고 큰 소리로 따라 읽으세요.

① ō ē	② yí yú	③ wù yù
④ dè dà	⑤ wāi wēi	⑥ tàn tàng
⑦ dōu duō	⑧ néng nóng	⑨ pěn pǎn
⑩ yūn yīn	⑪ miá mié	⑫ yè yuè
⑬ yáng yóng	⑭ dǒng dǎng	⑮ bīn bīng
⑯ yào yòu	⑰ wáng yáng	⑱ yàn yuàn
⑲ méng máng	⑳ bǎi běi	㉑ wàn yuàn

3. 녹음을 듣고 빈칸에 들어갈 운모와 성조를 적으세요.

① b	② p	③ m
④ d	⑤ t	⑥ n
⑦ g	⑧ k	⑨ b
⑩ p	⑪ m	⑫ d
⑬ y	⑭ y	⑮ w
⑯ y	⑰ y	⑱ w

성모

중국어 음절의 첫머리에 오는 자음을 성모라고 한다. 정확한 성모의 소리는 대부분 정확한 혀의 위치에 의해 정해진다.

• 성모표

bo	po	mo	fo
de	te	ne	le
ge	ke	he	
ji	qi	xi	
zi	ci	si	
zhi	chi	shi	ri

1. 각 성모들의 발음 요령

(1) 입술 성모

두 입술을 붙이거나(b, p, m) 혹은 윗니를 아랫입술에 대고(f) 소리를 낸다.

b : 'ㅂ' 혹은 'ㅃ'처럼 발음한다.

p : 'ㅍ'처럼 발음한다.

m : 'ㅁ'처럼 발음한다.

f : 영어의 'f' 처럼, 윗니를 가볍게 아랫입술에 대었다 떼면서 발음한다.

(2) 윗잇몸 성모

혀끝을 윗잇몸에 대고 소리를 낸다.

d : 'ㄷ' 혹은 'ㄸ'처럼 발음한다.

t : 'ㅌ'처럼 발음한다.

n : ‘ㄴ’처럼 발음한다.

l : ‘ㄹ’처럼 발음한다. 우리말 ‘빨래’의 ‘래’를 발음할 때처럼, 혀를 윗잇몸에 확실히 대고서 발음한다.

(3) 뒤 입천장 성모

혀뿌리를 입천장 뒷부분에 대고 소리를 낸다.

g : ‘ㄱ’ 혹은 ‘ㄲ’처럼 발음한다.

k : ‘ㅋ’처럼 발음한다.

h : ‘ㅎ’에 가까운 소리이지만, ‘ㅎ’와는 달리 약간의 마찰음을 내며 발음한다.

(4) 앞 입천장 성모

혀 중간 부분을 입천장 앞부분에 대고 소리를 낸다. 이 때 혀끝은 아랫니 뒤쪽에 고정시킨다. **혀끝이 이와 만나는 소리가 나지 않게 주의한다.**

j : ‘ㅈ’ 혹은 ‘ㅉ’처럼 발음한다.

q : ‘ㅊ’처럼 발음한다.

x : ‘ㅅ’ 혹은 ‘ㅆ’처럼 발음한다.

(5) 윗니 성모

윗니와 아랫니를 살짝 다문 후에 **혀끝을 윗니에 대고 소리를 낸다.**

z : ‘ㅉ’처럼 발음한다.

c : ‘ㅊ’처럼 발음한다.

s : ‘ㅆ’처럼 발음한다.

(6) 혀끝 입천장 성모

혀끝을 들어올려 입천장의 중간쯤에 대고 소리를 낸다. 소리를 낼 때 혀가 앞뒤로 움직이지 않게 주의한다.

zh : ‘ㅉ’처럼 발음한다.

ch : ‘ㅊ’처럼 발음한다.

sh : ‘ㅆ’처럼 발음한다.

r : 혀끝을 입천장에서 아주 약간 떨어뜨린 후, 목에 힘을 줘 성대를 울리면서 '르'처럼 발음한다.

2. 병음 표기 규칙(2)

(1) j, q, x와 ü의 결합

성모 j, q, x가 ü 혹은 ü로 시작하는 운모와 결합할 때, ü의 두 점은 표기하지 않는다.

	ü	üe	üan	ün
j	ju	jue	juan	jun
q	qu	que	quan	qun
x	xu	xue	xuan	xun

(2) z, c, s, zh, ch, sh, r와 i

성모 z, c, s와 zh, ch, sh, r를 발음할 때 그 운모를 i로 표기한다. 하지만, 이 때의 운모 i는 '이'로 발음해서는 안 된다.

성모 연습

1. 녹음을 듣고 큰 소리로 따라 읽으세요.

① bō pō mō fō

② dé té né lé

③ gě kě hě

④ jì qì xì

⑤ zī cī sī

⑥ zhì chì shì rì

2. 각 음절을 큰 소리로 읽으세요.

① bō pō	② nù lù	③ hěn kěn
④ jiē qiē	⑤ zǔ sǔ	⑥ lùn rùn
⑦ zuó zhuó	⑧ cǎi kǎi	⑨ chuán cuán
⑩ nǚ lǚ	⑪ shuó suó	⑫ zhuī chuī
⑬ rú lú	⑭ nuǎn ruǎn	⑮ fēi pēi
⑯ jī zī	⑰ xǐ sǐ	⑱ qì cì
⑲ zhǐ jǐ	⑳ chí qí	㉑ shī xī

3. 녹음을 듣고 빈칸에 들어갈 성모를 적고 운모 위에 성조도 표기하세요.

① ____ a	② ____ u	③ ____ ao
④ ____ ie	⑤ ____ un	⑥ ____ en
⑦ ____ uo	⑧ ____ ü	⑨ ____ ui
⑩ ____ uan	⑪ ____ ai	⑫ ____ eng
⑬ ____ ue	⑭ ____ i	⑮ ____ uan
⑯ ____ e	⑰ ____ ui	⑱ ____ i

제2과

발음 다지기

주요 학습 내용

- 연습 문제로 발음 다지기
- 일상 단어로 발음 다지기
- 숫자로 발음 다지기

연습문제로 발음 다지기

1. 녹음을 듣고 알맞은 성모에 O표 하세요.

① (b, p)ā	② (p, f)ù	③ (d, t)ě
④ (n, l)ì	⑤ (m, f)ó	⑥ (n, l)è
⑦ (k, h)ǔ	⑧ (m, f)á	⑨ (g, k)ě
⑩ (l, r)ì	⑪ (x, s)īn	⑫ (j, q)uán
⑬ (s, sh)ù	⑭ (zh, z)ǔn	⑮ (j, x)ióng
⑯ (r, l)ú	⑰ (j, q)ué	⑱ (c, ch)ún
⑲ (z, j)ù	⑳ (x, s)ī	㉑ (z, j)uàn

2. 녹음을 듣고 알맞은 운모에 O표 하세요.

① b(ā, ō)	② m(í, ú)	③ t(è, ù)
④ n(ǐ, ǚ)	⑤ p(ài, èi)	⑥ f(ěn, ǎn)
⑦ k(āng, ēng)	⑧ z(uān, ǔn)	⑨ f(àn, àng)
⑩ l(iè,üè)	⑪ j(ué, uán)	⑫ c(ǐ, ǔ)
⑬ q(ū, uē)	⑭ x(ù, ùn)	⑮ zh(uá, uán)
⑯ ch(uāi, uī)	⑰ sh(uò, ùn)	⑱ s(ōu, uō)
⑲ j(uǎn, ǔn)	⑳ x(īn, iū)	㉑ c(uí, uán)

3. 녹음을 듣고 성조를 표기하세요.

① ba ba	② gu gu	③ de de
④ mo mo	⑤ ti ti	⑥ tian tian
⑦ nü nü	⑧ ka ka	⑨ liang liang
⑩ fu fu	⑪ nu nu	⑫ zou zou
⑬ zhi zhi	⑭ re re	⑮ chuang chuang
⑯ shuan shuan	⑰ suo suo	⑱ zuo zuo
⑲ chai chai	⑳ chun chun	㉑ can can

4. 녹음을 듣고 빈칸을 채우세요.

• 성모

① a	② ǚ	③ àn
④ é	⑤ uǎn	⑥ uì
⑦ ū	⑧ uā	⑨ uè
⑩ éng	⑪ ǐ	⑫ è
⑬ ī ò	⑭ ǔ ì	⑮ à ē
⑯ āo ī	⑰ ióng ùn	⑱ uǐ ún

• 운모와 성조

① l	② k	③ d
④ n	⑤ f	⑥ x
⑦ c	⑧ zh	⑨ ch
⑩ ch	⑪ z	⑫ r
⑬ n h	⑭ f y	⑮ b l
⑯ ch j	⑰ zh x	⑱ j d

단어로 발음 다지기

1. 일상 단어로 발음 다지기

(1) 1성 조합 단어

① tā 他 그, 걔, 쟤
② chī 吃 먹다
③ jīntiān 今天 오늘
④ kāfēi 咖啡 커피
⑤ huānyíng 欢迎 환영하다
⑥ guānglín 光临 왕림하다
⑦ xīnkǔ 辛苦 수고하다
⑧ shēntǐ 身体 몸, 신체
⑨ gōngzuò 工作 일, 일하다
⑩ gāoxìng 高兴 기쁘다
⑪ tāmen 他们 그들, 걔들, 쟤들
⑫ xiūxi 休息 쉬다

(2) 2성 조합 단어

① lái 来 오다
② xué 学 배우다, 공부하다
③ míngtiān 明天 내일
④ fángjiān 房间 방
⑤ tóngxué 同学 반친구
⑥ shítáng 食堂 (구내)식당
⑦ méiyǒu 没有 없다
⑧ píjiǔ 啤酒 맥주
⑨ xuéxiào 学校 학교
⑩ chídào 迟到 지각하다
⑪ péngyou 朋友 친구
⑫ shénme 什么 무엇, 무슨

(3) 3성 조합 단어

① wǒ 我 나
② nǐ 你 너
③ hǎochī 好吃 맛있다
④ lǎoshī 老师 선생님
⑤ lǚxíng 旅行 여행, 여행하다
⑥ qǐ chuǎng 起床 일어나다
⑦ shuǐguǒ 水果 과일
⑧ měinǚ 美女 미녀
⑨ wǔfàn 午饭 점심밥
⑩ qǐngkè 请客 한턱내다

⑪ wǒmen 我们 우리

⑫ nǐmen 你们 너희들

(4) 4성 조합 단어

① qù 去 가다

② kàn 看 보다

③ hòutiān 后天 모레

④ shàngbān 上班 출근하다

⑤ wèntí 问题 문제

⑥ qùnián 去年 작년

⑦ Hànyǔ 汉语 중국어

⑧ diànnǎo 电脑 컴퓨터

⑨ diànshì 电视 텔레비전

⑩ shuìjiào 睡觉 잠자다

⑪ piàoliang 漂亮 예쁘다

⑫ xièxie 谢谢 고마워

2. 가족으로 발음 다지기

① yéye 爷爷 할아버지

② nǎinai 奶奶 할머니

③ lǎoye 姥爷 외할아버지

④ lǎolao 姥姥 외할머니

⑤ bàba 爸爸 아버지

⑥ māma 妈妈 엄마

⑦ gēge 哥哥 형, 오빠

⑧ jiějie 姐姐 누나, 언니

⑨ dìdi 弟弟 남동생

⑩ mèimei 妹妹 여동생

3. 지명으로 발음 다지기

① Hánguó 韩国 한국

② Zhōngguó 中国 중국

③ Shǒu'ěr 首尔 서울

④ Běijīng 北京 베이징

⑤ Shànghǎi 上海 상하이

⑥ Xiānggǎng 香港 홍콩

⑦ Rìběn 日本 일본

⑧ Měiguó 美国 미국

⑨ Àomén 澳门 마카오

⑩ Táiwān 台湾 타이완

4. 인명으로 발음 다지기

① Kǒngzǐ 孔子 공자
② Mèngzǐ 孟子 맹자
③ Máo Zédōng 毛泽东 모택동
④ Dèng Xiǎopíng 邓小平 등소평
⑤ Xí Jìnpíng 习近平 시진핑
⑥ Tèlǎngpǔ 特朗普 트럼프
⑦ Dèng Lìjūn 邓丽君 등려군
⑧ Lǐ Xiǎolóng 李小龙 이소룡
⑨ Chéng Lóng 成龙 성룡
⑩ Tāng Wéi 汤唯 탕웨이

5. 숫자로 발음 다지기

① yī 一 1
② èr 二 2
③ sān 三 3
④ sì 四 4
⑤ wǔ 五 5
⑥ liù 六 6
⑦ qī 七 7
⑧ bā 八 8
⑨ jiǔ 九 9
⑩ shí 十 10

제3과

고마워요!

주요 학습 내용

- 만날 때의 인사를 표현하는 문형
- 헤어질 때의 인사를 표현하는 문형
- 고마움과 미안함 말하고 답하기

단어

좋다, 안녕하다	hǎo	好
너	nǐ	你
당신(2인칭 你의 존칭)	nín	您
선생님	lǎoshī	老师
너희들	nǐmen	你们
아침	zǎoshang	早上
오후	xiàwǔ	下午
저녁	wǎnshang	晚上
다시	zài	再
만나다	jiàn	见
내일	míngtiān	明天
왕(성씨)	Wáng	王
임동주(이름)	Lín Dōngzhù	林东炷
고맙습니다	xièxie	谢谢
아니다	bù	不
별말씀요(감사에 대한 답변)	bú kèqi	不客气
미안합니다	duìbuqǐ	对不起
괜찮습니다(사과에 대한 답변)	méi guānxi	没关系

문형 연습

기본문형1 만났을 때의 인사를 표현하는 문형:

인사 받는 대상 + 好 hǎo

문형 노트

누군가를 만나서 인사를 건네려고 할 때, 인사를 받는 대상을 말하고 그 뒤에 '好'를 말하면 된다. 만나는 시간에 맞는 인사를 하려면 시간을 나타내는 말 뒤에 '好'를 쓰면 된다.

1) 안녕.
   Nǐ hǎo. 你好。

2) (예의 갖춰)안녕하세요. ____________________

3) 선생님 안녕하세요. ____________________

4) (너희들) 안녕. ____________________

응용문형1-1 시간에 맞는 인사를 표현하는 문형:

만났을 때 시간 + 好hǎo

문형 노트

누군가를 만나서 인사를 건네려고 할 때, 인사를 받는 대상을 말하고 그 뒤에 '好'를 말하면 된다. 만나는 시간에 맞는 인사를 하려면 시간을 나타내는 말 뒤에 '好'를 쓰면 된다.

1) 좋은 아침입니다.
   Zǎoshang hǎo. 早上好。

2) (오후에)안녕하세요. ______________________

3) (저녁에)안녕하세요. ______________________

기본문형2 헤어질 때의 인사를 표현하는 문형:

再zài / **만나는 시점** + 见jiàn

문형 노트

누군가와 헤어지려고 할 때, '다시'라는 의미의 '再'를 말한 후에 '见'을 말하면 된다. 다음에 만나는 시간을 구체적으로 말하면서 헤어지려고 할 때는, 그 구체적인 시간을 먼저 말하고 '见'을 말하면 된다.

1) 다시 봐.
Zàijiàn. 再见。

2) 오후에 보자. ______________________

3) 저녁에 봐. ______________________

4) 내일 봐. ______________________

회화 연습

1. 왕선생님과 동주가 만나서 인사를 나눈다.

王老师 : Nǐ hǎo.
　　　　 你 好[1]。

동주 : Nín hǎo.
　　　 您[2] 好。

2. 왕선생님과 동주가 아침 인사를 나눈다.

王老师 : Zǎoshang hǎo.
　　　　 早 上 好。[3]

동주 : Zǎoshang hǎo.
　　　 老 师 好。

3. 동주와 왕선생님이 헤어질 때 인사를 나눈다.

동주 : Zài jiàn.
　　　 再 见。

王老师 : Zài jiàn.
　　　　 再 见。

4. 동주가 왕선생님께 고맙다고 인사한다.

동주 : Xièxie!
谢 谢!

王老师 : Bú kèqi.
不❹客 气❺。

5. 동주가 왕선생님께 죄송하다고 인사한다.

동주 : Duìbuqǐ.
对 不 起。

王老师 : Méi guānxi.
没 关 系❻。

회화 노트

❶ Nǐ hǎo.

3성 뒤에 같은 3성의 음절이 오면, 앞의 3성은 2성으로 발음한다. 이때 3성 표기는 변하지 않는다.

❷ 您好。

'你'와 '您'은 둘 다 2인칭을 가리키는 말로써, '您'은 '你'의 존칭을 나타내는데, 이것들은 우리말의 '존대말', '반말'의 개념과는 약간 다르다는 것에 주의하자. 만약 인사를 건네는 대상이 나보다 나이가 많더라도 나와의 관계가 친밀하여 편하게 대하는 사람이라면 '你好'로 인사하면 되고, 좀 더 예의를 갖추어야 하는 사람이라면 '您好'로 인사하면 된다.

❸ 早上好。

우리말의 마침표는 점이지만, 중국어의 마침표는 '。'처럼 속이 빈 작은 동그라미이다. 한어병음의 문장 끝에는 우리말처럼 점을 찍는다.

❹ bú kèqi.

'不'는 원래 4성이지만, 뒤에 같은 4성의 글자가 오면 2성으로 발음한다.

❺ 不客气。

'谢谢'에 대한 답으로 '不客气' 외에 '不谢 bú xiè', '不用谢 bú yòng xiè' 등으로 답할 수도 있다.

❻ 没关系

'对不起'에 대한 답으로 '没关系' 외에 '没事儿 méishìr', '没什么 méi shénme' 등으로 답할 수도 있다.

실력 업그레이드 필수보충단어

• 인칭 대명사

		단수	복수
1인칭		我 wǒ	我们 wǒmen
2인칭		你/您 nǐ/nín	你们 nǐmen ('您' 뒤에는 '们'을 붙일 수 없다)
3인칭	남	他 tā	他们 tāmen
	여	她 tā	她们 tāmen
	사물 동물	它 tā	它们 tāmen

연습 문제

1. 녹음과 일치하는 발음을 고르세요.

1) ① háo ② hǎo　　2) ① xiā ② xià

3) ① méi ② mái　　4) ① shī ② sī

2. 녹음을 듣고 알맞은 대답을 한어병음으로 적으세요.

1) ______________________

2) ______________________

3) ______________________

3. 아래의 문장을 최대한 자연스러운 말투로 읽어보세요.

1) Lǎoshī hǎo. 老师好。

2) Zài jiàn. 再见。

3) Duìbuqǐ. 对不起。

4. 빈 칸에 알맞은 문장을 한어병음으로 적은 후 대화를 완성해 보세요.

1) A: Lǎoshī, duìbuqǐ. 老师，对不起。

B: ______________________

2) A: Míngtiān jiàn. 明天见。

B: ______________________

3) A: ______________________

B: Bú kèqi. 不客气。

5. 아래의 중국어 단어의 한어병음과 뜻을 적으세요.

1) 早上 ____________ ____________

2) 谢谢 ____________ ____________

3) 你们 ____________ ____________

4) 王 ____________ ____________

6. 아래의 중국어 문장을 우리말로 옮기세요.

1) 您好。____

2) 对不起。____

3) 晚上见。____

7. 아래의 한어병음을 한자로 바꿔 쓰세요.

1) Nǐ hǎo.____

2) Xièxie.____

3) Xiàwǔ jiàn.____

8. 아래의 우리말을 중국어(한자)로 옮기세요.

1) 선생님 안녕하세요.____

2) 괜찮습니다.____

3) (저녁에) 안녕하세요.____

제4과

너 아주 예뻐

주요 학습 내용

- '~는 (아주) ~하다'를 표현하는 문형
- '~입니까' 의문을 표현하는 문형
- 안부 묻고 답하기

단어

매우, 아주	hěn	很
나	wǒ	我
우리	wǒmen	我们
바쁘다	máng	忙
그녀, 걔, 쟤	tā	她
예쁘다	piàoliang	漂亮
그녀들, 걔들, 쟤들	tāmen	她们
배고프다	è	饿
그, 걔, 쟤	tā	他
잘생기다, 멋지다	shuài	帅
그들, 걔들, 쟤들	tāmen	他们
~입니까(의문을 나타내는 조사)	ma	吗
리나(이름)	Lǐ Nà	李娜
오래간만입니다	hǎo jiǔ bú jiàn	好久不见
~는요(의문을 나타내는 조사)	ne	呢
~도, 역시	yě	也
좀, 약간	yǒudiǎnr	有点儿

문형 연습

기본문형1 'A가 (아주) B하다'를 표현하는 문형:

A주어 + 很hěn + B형용사술어

문형 노트

'나는 아주 바빠'처럼 사람이나 사물의 상태를 표현할 때, 즉 '~는 (아주) ~하다'라는 의미를 표현할 때, 먼저 사람이나 사물을 나타내는 단어(주어)를 말하고, 그 뒤에 '아주', '매우'라는 뜻의 '很'을 말한 후, 그 뒤에 어떤 상태를 나타내는 단어(형용사술어)를 말하면 된다. '很'은 '아주', '매우' 등의 의미를 나타낼 수도 있고, 그런 의미 없이 문장을 안정적으로 마무리해주기 위한 기능으로 쓰이기도 한다.

1) 나는 (아주) 잘 지냅니다.
Wǒ hěn hǎo. 我很好。

2) 우리는 (매우) 잘 지냅니다. ______________________

3) 우리는 (무척) 바빠요. ______________________

4) 걔(그녀)가 (아주) 바쁩니다. ______________________

5) 걔(그녀)는 (무척) 예뻐요. ______________________

6) 걔(그녀)들은 (매우) 예뻐요. ______________________

7) 걔(그녀)들은 (아주) 배고픕니다. ______________________________

8) 걔(그)는 (매우) 배고파요. ______________________________

9) 걔(그)는 (무척) 잘생겼어요. ______________________________

10) 걔(그)들은 (아주) 잘생겼어. ______________________________

기본문형2 'A가 B합니까?'를 표현하는 문형:

A주어 + B형용사술어 + 吗ma

문형 노트

'너 바쁘니?'처럼 의문을 표현할 때, 즉 '~는 ~합니까?'라는 의미를 표현할 때, 문장 끝에 조사 '吗'를 사용하면 된다. 사람이나 사물의 상태를 물을 때는 일반적으로 정도를 나타내는 말을 같이 사용하지 않는다.

1) 너는 잘 지내니?
Nǐ hǎo ma? 你好吗?

2) 너희는 잘 지내니? ______________________________

3) 너희 바쁘니? ______________________________

4) 걔(그녀)는 바쁜가요? ______________________________

5) 걔(그녀)가 예쁘나요?? ______________________________

6) 걔(그녀)들은 예쁘나요? ______________________________

7) 걔(그녀)들은 배고픈가요? ______________________________

8) 걔(그)는 배고픈가요? ______________________________

9) 걔(그)가 잘생겼나요? ______________________________

10) 걔(그)들은 잘생겼나요? ______________________________

기본문형3 'A가 B하지 않습니다'를 표현하는 문형:

A주어 + 不bù + B형용사술어

문형 노트

'나는 바쁘지 않아'처럼 어떤 상태의 부정을 표현할 때, 즉 '~는 ~하지 않다'라는 의미를 표현할 때, 상태를 나타내는 말 앞에 '不'를 사용한다. '너 바쁘지 않아?'처럼 부정으로 질문을 할 경우에는 상태를 나타내는 말 앞에 '不'를 쓰고 문장 끝에 의문을 나타내는 조사 '吗'를 사용하면 된다.

1) 나는 잘 지내지 못해요.
Wǒ bù hǎo. 我不好。

2) 우리는 잘 지내지 못해요. ______________________

3) 우리는 바쁘지 않아요. ______________________

4) 걔(그녀)는 안 바빠요. ______________________

5) 걔(그녀)는 안 예뻐요. ______________________

6) 걔(그녀)들은 예쁘지 않아요. ______________________

7) 걔(그녀)들은 배고프지 않아요. ______________________

8) 걔(그)는 배고프지 않습니다. ______________________

9) 걔(그)는 잘생기지 않았어요. ______________________

10) 걔(그)들은 잘생기지 않았어요. ______________________________

응용문형3-1 'A가 B하지 않습니까?'를 표현하는 문형:

A주어 + 不bù + B형용사술어 + 吗ma

1) 너 안 바쁘니?
Nǐ bù máng ma? 你不忙吗?

2) 걔(그녀)는 안 예쁘나요? ______________________________

3) 너 배고프지 않니? ______________________________

4) 걔(그)는 잘생기지 않았나요? ______________________________

회화 연습

1. 동주와 李娜가 오래만에 만나 인사를 나눈다.

동주 : Lǐnà, hǎo jiǔ bú jiàn. Nǐ hǎo ma ?
李娜, 好 久 不 见。你 好 吗❶ ?

李娜 : Wǒ hěn hǎo❷. nǐ ne ?
我 很 好。你 呢❸?

동주 : Wǒ yě hěn hǎo.
我 也 很 好。

2. 식사 시간이 가까워오자 동주가 李娜에게 배고픈지 묻는다.

동주 : Nǐ bú è ma?
你 不 饿 吗?

李娜 : Wǒ bú è. nǐ ne?
我 不 饿。你 呢?

동주 : Wǒ yǒudiǎnr❹è.
我 有 点 儿❺饿。

3. 동주가 평소 관심이 있던 李娜에게 예쁘다고 칭찬한다.

동주 : Nǐ hěn piàoliang.
你很漂亮。

李娜 : Xièxie.
谢谢。

회화 노트

❶ '你好吗'와 '你好'

앞 과에서 배운 '你好'가 누군가를 만났을 때 예의상 의례적으로 건네는 인사말이라면, '你好吗'는 상대방의 안부가 정말로 궁금해서 묻는 말이라 할 수 있다. 그래서, '你好'는 처음 만나는 사람에게도, 알고 있는 사람에게도 말할 수 있지만, '你好吗'는 이미 알고 있는 사람에게만 사용할 수 있다.

❷ Wǒ hěn hǎo.

3성의 글자가 세 개 이상 연속으로 이어질 경우에는, 일단 그 문장을 의미적으로 나누어서, 그 나누어진 부분들 속에서 먼저 변화를 시키고, 그런 후에 앞에서부터 규칙에 따라 결합하면 된다. 'wǒ hěn hǎo'는 'wǒ // hěn hǎo'로 나누어지고, 먼저 'hěn hǎo'에서 'hěn'은 뒤의 'hǎo' 때문에 2성으로 발음한다. 'wǒ'는 2성으로 변화된 'hěn'과 결합하기에 반3성으로 발음하면 된다.

❸ 你呢?

'呢'는 문장의 끝에 쓰여서 '~는요?'라는 의미를 나타내는데, 주로 상대방이 앞에서 질문한 것과 같은 내용을 줄여서 물어 볼 때 사용한다.

❹ Wǒ yǒudiǎnr è.

한자 뒤에 '儿'이 있거나 한어병음 뒤에 'r'이 있으면, 그 단어를 발음할 때 마지막에 혀끝을 들어 살짝 말면서 발음하면 된다. 'i'나 'n'으로 끝나는 발음 뒤에 'r'이 있으면 'i'나 'n'은 발음하지 않는다.

❺ 我有点儿饿。

'有点儿'은 '좀', '약간' 등의 뜻으로, 어떤 상태의 정도가 약함을 나타낼 때, 그 상태를 나타내는 말 앞에 쓰인다. 주로 '배고프다', '바쁘다', '피곤하다', '짜다' 등처럼 부정적인 의미를 나타내는 말 앞에 쓰인다.

실력 업그레이드 필수보충단어

• 상태를 나타내는 단어

多	duō	많다
少	shǎo	적다
热	rè	덥다
冷	lěng	춥다
贵	guì	비싸다
便宜	piányi	싸다
远	yuǎn	멀다
近	jìn	가깝다
快	kuài	빠르다
慢	màn	느리다
晴	qíng	맑다
阴	yīn	흐리다
高	gāo	높다
低	dī	낮다
累	lèi	피곤하다
高兴	gāoxìng	기쁘다
好吃	hǎochī	(씹어 먹는 것이)맛있다
好喝	hǎohē	(마시는 것이)맛있다

연습 문제

1. 녹음과 일치하는 발음을 고르세요.

1) ① hén ② hěn

2) ① ē ② è

3) ① jiàn ② juàn

4) ① hǎo ② kǎo

2. 녹음에서 들려주는 단어의 한어병음을 적으세요.

1) ____________________

2) ____________________

3) ____________________

4) ____________________

3. 아래의 문장을 최대한 자연스러운 말투로 읽어보세요.

1) Hǎo jiǔ bú jiàn. 好久不见。

2) Nǐ ne? 你呢?

3) Nǐ bú è ma? 你不饿吗?

4. 빈 칸에 알맞은 문장을 한어병음으로 적은 후 대화를 완성해 보세요.

1) A: ____________________

B: Nǐ hǎo. 你好。

2) A: ____________________

B: Wǒ hěn hǎo. 我很好。

3) A: Nǐ hěn piàoliang. 你很漂亮。

B: ____________________

5. 아래의 중국어 단어의 한어병음과 뜻을 적으세요.

1) 饿 __________ __________ 2) 有点儿 __________ __________

3) 忙 __________ __________ 4) 帅 __________ __________

6. 아래의 중국어 문장을 우리말로 옮기세요.

1) 我也很好。 ______________________________

2) 她们很漂亮。 ______________________________

3) 你不忙吗? ______________________________

7. 아래의 한어병음을 한자로 바꿔 쓰세요.

1) Nǐ hǎo ma? ______________________________

2) Wǒ yǒudiǎnr è. ______________________________

3) Tāmen hěn shuài. ______________________________

8. 아래의 우리말을 중국어(한자)로 옮기세요.

1) 오래간만이야. ______________________________

2) 걔(그)는 잘생기지 않았어요. ______________________________

3) 나는 좀 바빠요. ______________________________

제5과

나는 양꼬치를 먹을게

주요 학습 내용

- '~는 ~을 ~한다'를 표현하는 문형
- '~을 ~해 안 해?'를 표현하는 문형
- 좋아하는 음식과 음료 묻고 답하기

단어

짜장면	zhájiàngmiàn	炸酱面
먹다	chī	吃
커피	kāfēi	咖啡
마시다	hē	喝
중국어	Hànyǔ	汉语
공부하다, 배우다	xué	学
클래식	gǔdiǎn yīnyuè	古典音乐
듣다	tīng	听
텔레비전	diànshì	电视
보다	kàn	看
(씹어 먹는 것이)맛있다	hǎochī	好吃
(마시는 것이)맛있다	hǎohē	好喝
좋아하다	xǐhuan	喜欢
면음식	miàntiáo	面条
그렇다면, 그럼	nà	那
무엇, 무슨	shénme	什么
양꼬치	yángròuchuànr	羊肉串儿
콜라	kělè	可乐
너무, 아주	tài	太

문형 연습

기본문형1 'A는 B를 C한다'를 표현하는 문형:

A주어 + C동사술어 + B목적어

문형 노트

'나는 짜장면을 먹을게'처럼 사람의 동작을 표현할 때, 즉 '~는 ~을 ~한다'라는 의미를 표현할 때, 먼저 동작의 주체를 나타내는 단어(주어)를 말하고, 그 뒤에 동작을 나타내는 단어(동사술어)를 말한 후, 그 동사술어 뒤에 동작의 대상(목적어)을 나타내는 단어를 말하면 된다. '너 짜장면 먹어?'처럼 의문문을 만들 때는 문장 끝에 '吗 ma'를 쓰고, '나는 짜장면 안 먹어'처럼 부정을 표현할 때는 동작을 나타내는 동사술어 앞에 '不 bù'를 쓰면 된다.

1) 나는 짜장면을 먹어요.
   Wǒ chī zhájiàngmiàn. 我吃炸酱面。

2) 우리는 짜장면을 먹어요. ____________________

3) 우리는 커피를 마셔요. ____________________

4) 걔(그)는 커피를 마셔요. ____________________

5) 걔(그)는 중국어를 공부합니다. ____________________

6) 걔(그)들은 중국어를 공부해요. ______________________

7) 걔(그)들은 클래식을 들어요. ______________________

8) 걔(그녀)는 클래식을 듣습니다. ______________________

9) 걔(그녀)는 텔레비전을 봅니다. ______________________

10) 걔(그녀)들은 텔레비전을 봅니다. ______________________

응용문형1-1 'A는 B를 C합니까?'를 표현하는 문형:

A주어 + C동사술어 + B목적어 + 吗 ma

1) 너 짜장면 먹어?

Nǐ chī zhájiàngmiàn ma? 你吃炸酱面吗?

2) 너 커피 마셔? ______________________

3) 걔(그)가 중국어 공부하니? ______________________

4) 걔(그녀)는 클래식을 듣나요? ______________________

5) 너 텔레비전 보니? ______________________

응용문형1-2 'A는 B를 C하지 않다'를 표현하는 문형:

A주어 + 不 bù + C동사술어 + B목적어

1) 나는 짜장면 안 먹어.
Wǒ bù chī zhájiàngmiàn. 我不吃炸酱面。

2) 나 커피 안 마셔. ______________________

3) 쟤(그)는 중국어를 공부하지 않습니다. ______________________

4) 걔(그녀)는 클래식을 듣지 않아요. ______________________

5) 나는 텔레비전을 보지 않아요. ______________________

기본문형2 'A는 B를 C합니까 C하지 않습니까?'를 표현하는 문형:

A주어 + C동사술어 + 不 bu + C동사술어 + B목적어

문형 노트

'너 짜장면 먹어 안 먹어?'처럼 동사의 긍정형과 부정형을 나란히 쓰면 의문문이 만들어지는데, 이를 정반(正反)의문문이라고 한다. 정반의문문으로 질문할 때는 문장 끝에 의문을 나타내는 조사 '吗 ma'를 사용할 수 없으며, 동사 사이에 쓰이는 '不'는 경성으로 발음한다. 동사와 마찬가지로 형용사도 정반의문문을 만들 수 있다.

1) 너 먹어 안 먹어?
Nǐ chī bu chī? 你吃不吃?

2) 너 짜장면 먹어 안 먹어?
Nǐ chī bu chī zhájiàngmiàn? 你吃不吃炸酱面?

3) 너희 마셔 안 마셔? ______

4) 너희 커피 마셔 안 마셔? ______

5) 걔(그) 공부해 안 해? ______

6) 걔(그) 중국어 공부해 안 해? ______

7) 걔(그녀)들은 들어 안 들어? ______

8) 걔(그녀)들은 클래식 들어 안 들어? ______

9) 너 봐 안 봐? ____________________

10) 너 텔레비전 봐 안 봐? ____________________

응용문형2-1 'A는 B합니까 하지 않습니까?'를 표현하는 문형 :

A주어 + B형용사술어 + 不 bu + B형용사술어

1) 너 바빠 안 바빠?
Nǐ máng bu máng? 你忙不忙?

2) 걔(그녀)가 예뻐 안 예뻐? ____________________

3) 너 배고파 안 고파? ____________________

4) 짜장면이 맛있어 맛없어? ____________________

5) 커피가 맛있어 맛없어? ____________________

기본문형3 'A는 무엇을 B합니까?'를 표현하는 문형:

A주어 + B동사술어 + 什么 shénme

문형 노트

'너 뭐 먹을래?'처럼 의문사를 이용해 동작의 대상을 물을 때, 즉 '~는 무엇을 ~합니까?'라는 질문을 할 때 동사 뒤 목적어가 위치하는 자리에 의문사 '什么'를 쓰면 된다. 의문사를 이용해 질문할 때, 문장에서 묻고자 하는 성분이 위치하는 자리에 의문사를 두면 된다. 의문사를 이용해 질문을 할 때는 일반적으로 문장 끝에 '吗 ma'를 사용하지 않는다.

1) 너 뭐 먹어?
   Nǐ chī shénme? 你吃什么?

2) 우리 뭐 먹어? ____________________

3) 우리 뭐 마실까? ____________________

4) 재(그)는 뭐 마시죠? ____________________

5) 개(그)는 뭘 공부하나요? ____________________

6) 재(그)들은 뭘 공부하나요? ____________________

7) 재(그)들은 뭘 듣나요? ____________________

8) 재(그녀)는 뭐 듣죠? ____________________

9) 걔(그녀)는 뭘 보나요? ____________________

10) 걔(그녀)들은 뭘 보죠? ____________________

회화 연습

1. 동주와 李娜가 식당에서 무엇을 먹을지 이야기 나눈다.

동주 : Wǒ chī zhájiàngmiàn, nǐ chī bu chī ?
我吃炸酱面，你吃不吃？

李娜 : Wǒ bù chī,
我不吃,

wǒ bù xǐhuan chī miàntiáo.
我不喜欢❶吃面条❷。

동주 : Nà nǐ chī shénme ?
那你吃什么?

李娜 : Wǒ chī yángròuchuànr.
我吃羊肉串儿。

2. 동주와 李娜가 커피숍에서 무엇을 마실지 이야기 나눈다.

동주 : Wǒ hē kāfēi, nǐ yě hē kāfēi ma ?
我 喝 咖 啡, 你 也 喝 咖 啡 吗?

李娜 : Wǒ bù xǐhuan hē kāfēi.
我 不 喜 欢 喝 咖 啡。

동주 : Nà nǐ xǐhuan hē shénme ?
那 你 喜 欢 喝 什 么 ?

李娜 : Wǒ xǐhuan hē kělè.
我 喜 欢 喝 可 乐。

Nǐ xǐ bu xǐhuan hē kělè ?
你 喜 不 喜 欢❸喝 可 乐 ?

동주 : Wǒ bú tài xǐhuan.
我 不 太❹喜 欢。

회화 노트

❶ 我不喜欢吃面条。

'좋아한다'라는 뜻을 지니는 동사 '喜欢'은 사물이나 사람을 목적어로 지닐 뿐 아니라, 동작을 목적어로 지닐 수도 있다. 동작을 목적어로 지닐 때는 '喜欢' 뒤에 바로 동사를 사용하면 된다.

❷ 我不喜欢吃面条。

'面条'는 라면, 국수, 짜장면 같은 면으로 된 음식의 총칭이다.

❸ 你喜不喜欢喝可乐?

'喜欢'으로 정반의문문을 만들 때, 입말에서는 종종 '喜不喜欢'으로 말한다.

❹ 我不太喜欢。

'太'가 '너무', '지나치게'의 뜻이므로, '不太'는 '그다지 ~하지 않다'라는 의미를 나타낸다.

실력 업그레이드 필수보충단어

• 동작을 나타내는 단어

说	shuō	말하다
买	mǎi	사다
卖	mài	팔다
住	zhù	살다
做	zuò	하다
写	xiě	쓰다
去	qù	가다
来	lái	오다
坐	zuò	앉다
学习	xuéxí	공부하다
工作	gōngzuò	일하다
睡觉	shuìjiào	잠 자다
休息	xiūxi	쉬다
读	dú	읽다
唱	chàng	부르다
起床	qǐ chuáng	(잠자리에서) 일어나다

洗	xǐ	씻다
游泳	yóuyǒng	수영하다
打	dǎ	때리다, (전화)걸다
笑	xiào	웃다
等	děng	기다리다

연습 문제

1. 녹음과 일치하는 발음을 고르세요.

1) ① tiāo ② tiào

2) ① ké ② kě

3) ① huáng ② huán

4) ① chī ② cī

2. 녹음에서 들려주는 단어의 한어병음을 적으세요.

1) ______________________

2) ______________________

3) ______________________

4) ______________________

3. 아래의 문장을 최대한 자연스러운 말투로 읽어보세요.

1) Wǒ bù chī, wǒ bù xǐhuan chī miàntiáo. 我不吃, 我不喜欢吃面条。

2) Nà nǐ chī shénme? 那你吃什么?

3) Wǒ bú tài xǐhuan. 我不太喜欢。

4. 빈 칸에 알맞은 문장을 한어병음으로 적은 후 대화를 완성해 보세요.

1) A: Wǒ chī zhájiàngmiàn, nǐ chī bu chī? 我吃炸酱面，你吃不吃?

B: ______________________

Wǒ bù xǐhuan chī miàntiáo. 我不喜欢吃面条。

2) A: Wǒ bù xǐhuan hē kāfēi. 我不喜欢喝咖啡。

B: ______________________

A: Wǒ xǐhuan hē kělè. 我喜欢喝可乐。

5. 아래의 중국어 단어의 한어병음과 뜻을 적으세요.

1) 面条 __________ __________　　2) 羊肉串儿 __________ __________

3) 电视 __________ __________　　4) 好吃 __________ __________

6. 아래의 중국어 문장을 우리말로 옮기세요.

1) 你吃不吃? ______________________________

2) 他学汉语。______________________________

3) 咖啡好喝不好喝? ______________________________

7. 아래의 한어병음을 한자로 바꿔 쓰세요.

1) Wǒ chī zhájiàngmiàn. ______________________________

2) Wǒ xǐhuan hē kělè. ______________________________

3) Nǐ máng bu máng? ______________________________

8. 아래의 우리말을 중국어(한자)로 옮기세요.

1) 나는 그다지 좋아하지 않아. ______________________________

2) 걔(그녀)는 클래식을 듣지 않아요. ______________________________

3) 걔(그녀)가 예뻐 안 예뻐? ______________________________

제6과

나는 한국인입니다

주요 학습 내용

- '~는 ~이다'를 표현하는 문형
- '~는 ~의 ~이다'를 표현하는 문형
- 국적 묻고 답하기

단어

~이다	shì	是
아버지, 아빠	bàba	爸爸
한국인	Hánguó rén	韩国人
중국인	Zhōngguó rén	中国人
어머니, 엄마	māma	妈妈
일본인	Rìběn rén	日本人
학생	xuésheng	学生
이, 이것	zhè	这
스마트폰	zhìnéng shǒujī	智能手机
책	shū	书
~의, ~하는	de	的
서, 서것	nà	那
형, 오빠	gēge	哥哥
누나, 언니	jiějie	姐姐
친구	péngyou	朋友
어느	nǎ	哪
미국인	Měiguó rén	美国人
누구	shéi	谁
반 친구	tóngxué	同学

문형 연습

기본문형1 'A는 B이다'를 표현하는 문형 :

A 주어 + 是 shì + B 목적어

문형 노트

'나는 한국인입니다'처럼 '~는 ~이다'라는 의미를 표현할 때, 주어 뒤에 '~이다'라는 뜻의 동사 '是'를 쓰고, 그 뒤에 주어를 설명하는 목적어를 쓰면 된다. '당신은 중국인입니까?'처럼 의문을 표현할 때는 문장 끝에 조사 '吗'를 붙이면 되고, '나는 중국인이 아닙니다'처럼 부정을 표현할 때는 '是' 앞에 '不 bú'를 쓰면 된다.

1) 나는 한국인입니다.
Wǒ shì Hánguó rén. 我是韩国人。

2) 아버지는 한국인입니다. ______________________

3) 아버지는 중국인입니다. ______________________

4) 어머니는 중국인입니다. ______________________

5) 어머니는 일본인입니다. ______________________

6) 재(그)는 일본인입니다. ______________________

7) 재(그)는 학생입니다. ______________________________

8) 재(그)들은 학생입니다. ______________________________

9) 저 사람들은 선생님입니다. ______________________________

10) 우리는 선생님입니다. ______________________________

응용문형1-1 'A는 B입니까?'를 표현하는 문형 :

A 주어 + 是 shì + B 목적어 + 吗 ma

1) 너 한국인이니?

Nǐ shì Hánguó rén ma? 你是韩国人吗?

2) 재(그)는 중국인인가요? ______________________________

3) 당신은 선생님이십니까? ______________________________

4) 이것은 스마트 폰입니까? ______________________________

5) 이것은 책입니까? ______________________________

응용문형1-2 'A는 B가 아니다'를 표현하는 문형 :

A 주어 + 不 bú + 是 shì + B 목적어

1) 나는 중국인이 아닙니다.
Wǒ bú shì Zhōngguó rén. 我不是中国人。

2) 걔(그)는 일본인이 아니에요. ______________________________

3) 걔(그녀)는 학생이 아닙니다. ______________________________

4) 이것은 스마트 폰이 아니에요. ______________________________

5) 이것은 책이 아닙니다. ______________________________

기본문형2 'A는 B의 C이다'를 표현하는 문형 :

A **주어** + 是 shì + B **소유자** (+ 的 de)+ C **소유물**

문형 노트

'이것은 나의 휴대폰입니다'처럼 어떤 사물이 누구의 소유임을 표현할 때, 즉 '~는 누구의 ~이다'라는 의미를 표현할 때, 소유자를 나타내는 말 뒤에 조사 '的'를 쓰면 된다. '的' 뒤의 말이 사물이 아니고 소유자와 서로 친분이 있는 사람일 경우에는 '的'를 생략할 수 있다.

1) 이것은 나의 휴대폰입니다. Zhè shì wǒ de shǒujī. 这是我的手机。

2) 저것은 왕선생님의 휴대폰입니다. ______________________________

3) 저것은 왕선생님의 책입니다. ______________________________

4) 이것은 형의 책입니다. ______________________________

5) 이것은 형의 커피입니다. ______________________________

6) 저것은 누나의 커피입니다. ______________________________

7) 저 사람(그녀)은 나의 누나입니다. ______________________________

8) 걔(그녀)는 나의 친구입니다. ______________________________

9) 이것은 내 친구의 콜라입니다. ______________________________

10) 저것은 우리 아버지의 콜라입니다. ______________________________

기본문형3 'A는 B의 것이다'를 표현하는 문형 :

A 주어 + 是 shì + B 소유자 + 的 de

문형 노트

'이것은 나의 것입니다'처럼 소유하는 사물을 구체적으로 말하지 않고, '~는 ~의 것이다'라는 의미를 표현할 때는 '的' 뒤의 단어를 쓰지 않으면 된다.

1) 이것은 나의 것입니다. Zhè shì wǒ de. 这是我的。

2) 저것은 나의 것입니다. ______

3) 저것은 왕선생님의 것입니다. ______

4) 이것은 왕선생님의 것입니다. ______

5) 이것은 내 형의 것입니다. ______

6) 저것은 내 형의 것입니다. ______

7) 저것은 내 누나의 것입니다. ______

8) 이것은 내 누나의 것입니다. ______

9) 이것은 내 친구의 것입니다. ______

10) 저것은 내 친구의 것입니다. ______

회화 연습

1. 동주가 같은 반 학생인 저스틴과 인사를 나눈다.

저스틴 : Nǐ hǎo. Nǐ shì Zhōngguó rén[1] ma ?
你 好。你 是 中 国 人 吗?

동주 : Wǒ bú shì Zhōngguó rén, wǒ shì Hánguó rén.
我 不 是 中 国 人, 我 是 韩 国 人。

Nǐ shì nǎ guó rén ?
你 是 哪 国 人[2]?

저스틴 : Wǒ shì Měiguó rén.
我 是 美 国 人。

2. 李娜가 동주에게 저스틴에 대해 묻는다.

李娜 : Tā shì shéi[3]?
他 是 谁?

동주 : Tā shì wǒ tóngxué.
他 是 我 同 学。

3. 동주가 휴대폰을 가지고 있는 李娜에게 묻는다.

동주 : Zhè shì shénme ?
这是什么?

李娜 : Zhè shì shǒujī.
这是手机。

동주 : Zhè shì nǐ de ma ?
这是你的吗?

李娜 : Zhè bú shì wǒ de.
这不是我的。

동주 : Zhè shì shéi de ?
这是谁的?

李娜 : Shì wǒ gēge de.
是我哥哥的。

회화 노트

❶ Nǐ shì Zhōngguó rén ma?

중국어에서 3음절의 단어를 발음할 때, 일반적으로 가운데 음절을 경성처럼 약하고 짧게 발음하는 것이 자연스럽다. 'Zhōngguó rén'에서도 'guó'는 2성이지만 실제로는 좀 더 짧고 약하게 발음하는 것이 좋다.

❷ 你是哪国人?

'哪'는 '어느', '어떤' 이라는 뜻으로 보통 여러 개 중에서 어느 하나를 물을 때 쓰이는 의문사이다. 누군가의 국적을 물을 때 '哪国人'이란 표현이 자주 쓰인다.

❸ 他是谁?

'谁'는 '누구'라는 뜻으로, 사람을 물을 때 쓰이는 의문사이다. '谁'는 'shuí'로 발음되기도 한다.

실력 업그레이드 필수보충단어

• 신분이나 직업을 나타내는 단어

医生	yīshēng	의사
护士	hùshi	간호사
公司职员	gōngsī zhíyuán	회사 직원
律师	lǜshī	변호사
工程师	gōngchéngshī	엔지니어
公务员	gōngwùyuán	공무원
警察	jǐngchá	경찰
教授	jiàoshòu	교수
教师	jiàoshī	교사
老板	lǎobǎn	사장
服务员	fúwùyuán	종업원
售货员	shòuhuòyuán	판매원
记者	jìzhě	기자
运动员	yùndòngyuán	운동선수
司机	sījī	기사

연습 문제

1. 녹음과 일치하는 발음을 고르세요.

1) ① ná ② nǎ　　2) ① shī ② shì

3) ① xué ② xié　　4) ① zhè ② zè

2. 녹음에서 들려주는 단어의 한어병음을 적으세요.

1) ______________________________

2) ______________________________

3) ______________________________

4) ______________________________

3. 아래의 문장을 최대한 자연스러운 말투로 읽어보세요.

1) Nǐ shì Zhōngguó rén ma? 你是中国人吗?

2) Nǐ shì nǎ guó rén? 你是哪国人?

3) Zhè bú shì wǒ de. 这不是我的。

4. 빈 칸에 알맞은 문장을 한어병음으로 적은 후 대화를 완성해 보세요.

1) A: ______________________________

B: Wǒ shì Měiguó rén. 我是美国人。

2) A: ______________________________

B: Tā shì wǒ tóngxué. 他是我同学。

3) A: ______________________________

B: Zhè shì shǒujī. 这是手机。

5. 아래의 중국어 단어의 한어병음과 뜻을 적으세요.

1) 哪 ________ ________　　2) 什么 ________ ________

3) 学生 ________ ________　　4) 那 ________ ________

6. 아래의 중국어 문장을 우리말로 옮기세요.

1) 他是我同学。________

2) 这不是智能手机。________

3) 那是我爸爸的可乐。________

7. 아래의 한어병음을 한자로 바꿔 쓰세요.

1) Tā shì shéi? ________

2) Zhè shì nǐ de shǒujī ma? ________

3) Tā shì wǒ jiějie. ________

8. 아래의 우리말을 중국어(한자)로 옮기세요.

1) 나는 한국인입니다. ________

2) 저것은 왕선생님의 책입니다. ________

3) 이것은 나의 것입니다. ________

제7과

나는 남자친구가 없어요

주요 학습 내용

- '~가 ~을 가지고 있다'를 표현하는 문형
- '너 ~해라'를 표현하는 문형
- 나이 묻고 답하기

단어

(~을 가지고) 있다	yǒu	有
없다	méiyǒu	没有
남자친구	nán péngyou	男朋友
여자친구	nǚ péngyou	女朋友
남동생	dìdi	弟弟
여동생	mèimei	妹妹
태블릿PC	píngbǎn diànnǎo	平板电脑
명, 개(사람이나 사물을 세는 단위)	ge	个
권(책을 세는 단위)	běn	本
삼(3), 세	sān	三
사(4), 네	sì	四
십(10), 열	shí	十
오(5), 다섯	wǔ	五
사전	cídiǎn	词典
이(2)	èr	二
육(6), 여섯	liù	六
~해라, ~하자	ba	吧
밥, 식사	fàn	饭

말하다	shuō	说
찾다	zhǎo	找
사진	zhàopiàn	照片
정말	zhēn	真
얼마나	duō	多
크다	dà	大
빨리, 얼른	gǎnkuài	赶快
올해	jīnnián	今年
살(나이를 세는 단위)	suì	岁
일(1), 하나	yī	一
형제자매	xiōngdì jiěmèi	兄弟姐妹
둘(2)	liǎng	两
외동딸	dúshēngnǚ	独生女

문형 연습

기본문형1 'A는 B가 있다'를 표현하는 문형:

A주어 + 有 yǒu + B목적어

문형 노트

'나는 남자친구가 있어요'처럼 누군가가 어떤 대상을 가지고 있음을 표현할 때, 즉 '~는 ~가 있다', '~가 ~을 가지고 있다' 등의 의미를 표현할 때, 동사 '有'를 사용하면 된다. '나는 남자친구가 없어요'처럼 '有'의 부정을 표현할 때는 '有'앞에 '没 méi'를 사용한다. '有没有 yǒu méiyǒu'라고 말하면 정반의문문이 만들어진다.

1) 나는 남자친구가 있습니다.
Wǒ yǒu nán péngyou. 我有男朋友。

2) 우리 누나는 남자친구가 있습니다. ____________________

3) 우리 언니는 중국 친구가 있습니다. ____________________

4) 우리 오빠는 중국 친구가 있습니다. ____________________

5) 우리 형은 여자친구가 있습니다. ____________________

6) 내 남동생은 여자친구가 있습니다. ____________________

7) 내 남동생은 휴대폰이 있습니다. ______________________

8) 내 여동생은 휴대폰이 있습니다. ______________________

9) 내 여동생은 태블릿PC가 있습니다. ______________________

10) 우리는 태블릿PC가 있습니다. ______________________

응용문형1-1 'A는 B가 없다'를 표현하는 문형 :

A주어 + 没 méi + 有 yǒu + B목적어

1) 나는 남자친구가 없어요.
Wǒ méiyǒu nán péngyou. 我没有男朋友。

2) 우리는 중국 친구가 없어요. ______________________

3) 우리 형은 여자친구가 없어. ______________________

4) 내 남동생은 휴대폰이 없어. ______________________

5) 내 여동생은 태블릿pc가 없어요. ______________________

응용문형1-2 'A는 B가 있습니까 없습니까?'를 표현하는 문형:

A주어 + 有没有 yǒu méiyǒu + B목적어

1) 너 남자친구 있어 없어?

Nǐ yǒu méiyǒu nán péngyou? 你有没有男朋友?

2) 쟤(그)는 여자친구 있어 없어? ______

3) 너 중국 친구 있어 없어? ______

4) 너희 휴대폰 있어 없어? ______

5) 걔(그녀))들은 태블릿PC가 있나요 없나요? ______

기본문형2 'A는 B가 숫자 D 있다'를 표현하는 문형 :

A주어 + 有 yǒu + 숫자 + D양사 + B목적어

문형 노트

'나는 친구가 세 명 있어'의 '친구 세 명'처럼, 사람이나 사물의 수량을 표현할 때, 먼저 숫자를 말하고 그 뒤에 사물을 셀 때 쓰이는 단위를 말한 후, 그 뒤에 사람이나 사물을 나타내는 단어를 말하면 된다. 중국어에서는 사람이나 사물을 셀 때 쓰이는 단위를 '양사(量词)'라고 하는데, 사람의 수량을 말할 때는 양사 '个 ge'를 쓰고, 책이나 잡지 등의 수량을 말할 때는 양사 '本 běn'을 사용한다.

1) 나는 친구가 세 명 있어요.

Wǒ yǒu sān ge péngyou. 我有三个朋友。

2) 나는 책이 세 권 있습니다. ______________________________

3) 나는 책이 네 권 있습니다. ______________________________

4) 나는 중국 친구가 네 명 있어요. ______________________________

5) 나는 중국 친구가 열다섯 명 있습니다. ______________________________

6) 나는 사전이 열다섯 권 있어요. ______________________________

7) 나는 사전이 스무 권 있어요. ______________________________

8) 나는 미국 친구가 스무 명 있어요. ______________________________

9) 나는 미국 친구가 육십 명 있어요. ______________________________

10) 나는 한국 친구가 육십 명 있어요. ______________________________

기본문형3 '너(희)가 A를 B해라'를 표현하는 문형 :

你(们) + B동사술어 + A목적어 + 吧 ba

문형 노트

'너 밥 먹어라'처럼 가벼운 명령이나 권유 등의 어감을 표현할 때, 즉 '~해', '~해라' 등의 의미를 표현할 때, 문장 끝에 조사 '吧'를 사용한다. '吧'는 '우리 밥 먹자'처럼 칭유나 제안의 어감을 표현할 수도 있다.

1) 너 먹어라.
Nǐ chī ba. 你吃吧。

2) 너 밥 먹어라.
Nǐ chī fàn ba. 你吃饭吧。

3) 너희 마셔. ________________

4) 너희 커피 마셔. ________________

5) 너희 봐라. ________________

6) 너희 텔레비전 봐라. ________________

7) 너 말해라. ________________

8) 너 중국어를 말해라. ________________

9) 네가 찾아라. ________________

10) 너 선생님을 찾아라. ______________________________

응용문형3-1 '우리 A를 B하자'를 표현하는 문형 :

我们 wǒmen + B동사술어 + A목적어 + 吧 ba

1) 우리 짜장면 먹자.
Wǒmen chī zhájiàngmiàn ba. 我们吃炸酱面吧。

2) 우리 커피 마시자. ______________________________

3) 우리 중국어 공부하자. ______________________________

4) 우리 음악 듣자. ______________________________

5) 우리 텔레비전 보자. ______________________________

회화 연습

1. 李娜가 현경이의 남자친구 사진을 보며 묻는다.

李娜 : Zhè shì shénme?
这是什么?

현경 : Zhè shì wǒ nán péngyou de zhàopiàn. tā shuài bu shuài?
这是我男朋友的照片。他帅不帅?

李娜 : Zhēn shuài! Tā duō dà?
真帅！他多大❶?

현경 : Tā jīnnián èr shí sān suì. Nǐ yǒu méiyǒu nán péngyou?
他今年二十三岁。你有没有男朋友？

李娜 : Wǒ méiyǒu.
我没有。

현경 : Nǐ gǎnkuài zhǎo yí❷ge ba.
你赶快❸找一个吧。

2. 李娜가 현경이가 소개해준 张伟와 만나 이야기를 나눈다.

李娜 : Nǐ jīnnián duō dà?
你今年多大?

张伟 : Wǒ jīnnián èr shí yī[4] suì.
我今年二十一岁。

李娜 : Nǐ yǒu xiōngdì jiěmèi ma?
你有兄弟姐妹吗?

张伟 : Wǒ yǒu yí ge jiějie` liǎng ge mèimei. Nǐ ne?
我有一个姐姐、[5]两个[6]妹妹。你呢?

李娜 : Wǒ méiyǒu xiōngdì jiěmèi,
我没有兄弟姐妹,

wǒ shì dúshēngnǚ.
我是独生女。

회화 노트

❶ 他多大?

'多'는 '얼마나'의 뜻으로, 주로 어떤 상태의 정도를 물을 때 쓰인다. 누군가의 나이를 물을 때는 보통 '多大?'라고 말하면 되는데, 연령대가 높은 사람의 연세를 물을 때는 '多大' 뒤에 '年纪 niánjì'를 붙여서, '多大年纪?'라고 묻고, 어린이의 나이를 물을 때는 '几岁 jǐsuì'라고 물으면 된다.

❷ Nǐ gǎnkuài zhǎo yí ge ba.

숫자 '一'는 1성, 2성, 3성의 음절이 뒤에 오면 4성으로 발음하고, 4성 혹은 4성에서 경성으로 변한 음절이 뒤에 오면 2성으로 발음한다. 예) 一千 yì qiān, 一条 yì tiáo, 一本 yì běn, 一岁 yí suì, 一个 yí ge

❸ 你赶快找一个吧。

'빨리', '얼른' 등의 의미를 지니는 '赶快'는 동사 앞에 위치한다.

❹ Wǒ jīnnián èr shí yī suì.

'一'는 뒤 음절에 따라 성조가 달라지지만, '十一(11)'이나 '二十一(21)'처럼 다른 숫자의 끝에 오는 '一'는 뒤 음절의 영향을 받지 않고 1성 그대로 발음한다.

❺ 我有一个姐姐、两个妹妹。

우리말에서는 여러 단어를 나열할 때, 그 사이에 쉼표 ','를 사용하는데, 중국어에서는 단어를 나열할 때 모점 '、'을 쓴다.

❻ 我有一个姐姐、两个妹妹。

우리말에서는 '일'과 '한 명', '삼'과 '세 권'처럼, 숫자가 단독으로 있을 때와 사물의 단위 앞에 있을 때의 읽고 쓰는 방법이 다르지만, 중국어에서는 똑같다. 단, 숫자 '2'는 단독으로 말할 때는 '二 èr'이라고 하고, 사물의 단위 (양사) 앞에서는 '两 liǎng'을 사용한다. 예) 两个 liǎng ge, 两本 liǎng běn

실력 업그레이드 필수보충단어

• 자주 쓰이는 양사

어떤 사물에 어떤 양사를 써야 하는 지는 일반적으로 그 사물이 지닌 형체나 특성에 따라 정해진다.

① 张　zhāng

종이, 지도 등 넓고 평평한 형체를 지닌 사물을 셀 때 쓰인다.

예) 종이 한 장 一张纸 yì zhāng zhǐ, 지도 두 장 两张地图 liǎng zhāng dìdú

② 瓶　píng

맥주, 콜라 등 병에 들어 있는 사물을 셀 때 쓰인다.

예) 맥주 한 병 一瓶啤酒 yì píng píjiǔ , 콜라 두 병 两瓶可乐 liǎng píng kělè

③ 杯 bēi

커피, 맥주 등 잔에 들어 있는 사물을 셀 때 쓰인다.

예) 커피 한 잔 一杯咖啡 yì bēi kāfēi, 맥주 두 잔 两杯啤酒 liǎng bēi píjiǔ

④ 家 jiā

식당, 상점 등 영업 활동을 하는 가게를 셀 때 쓰인다.

예) 식당 하나 一家餐厅 yì jiā cāntīng, 상점 두 개 两家商店 liǎng jiā shāngdiàn

⑤ 双 shuāng

신발, 양말 등 쌍으로 이루어진 사물을 셀 때 쓰인다.

예) 신발 한 켤레 一双鞋 yì shuāng xié , 양말 두 켤레 两双袜子 liǎng shuāng wàzi

⑥ 辆 liàng

자동차, 자전거 등의 차량을 셀 때 쓰인다.

예) 자동차 한 대 一辆汽车 yí liàng qìchē , 자전거 두 대 两辆自行车 liǎng liàng zìxíngchē

연습 문제

1. 녹음에서 들려주는 단어의 한어병음을 적으세요.

1) ______________________ 2) ______________________

3) ______________________ 4) ______________________

2. 녹음에서 들려주는 문장의 한어병음과 뜻을 적으세요.

1) ______________________

2) ______________________

3) ______________________

3. 아래의 문장을 최대한 자연스러운 말투로 읽어보세요.

1) Zhēn shuài! 真帅!

2) Nǐ jièshào yíge ba. 你介绍一个吧。

3) Nǐ yǒu xiōngdì jiěmèi ma? 你有兄弟姐妹吗?

4. 자신의 상황에 맞게 주어진 질문에 대답해 보세요.

1) 你有中国朋友吗?

2) 你有平板电脑吗?

3) 你今年多大?

4) 你妈妈今年多大年纪?

5. 아래의 중국어 단어의 한어병음과 뜻을 적으세요.

1) 十 __________ __________ 2) 照片 __________ __________

3) 说 __________ __________ 4) 词典 __________ __________

5) 大 __________ __________ 6) 弟弟 __________ __________

6. 아래의 단어를 어순에 맞게 배열하세요.

1) 朋友 / 照片 / 这 / 是 / 男 / 我 / 的 / 。

____

2) 多 / 今年 / 你 / 大 / ?

____

3) 个 / 有 / 朋友 / 三 / 中国 / 我 / 。

____

7. 아래의 한어병음을 한자로 바꿔 쓰세요.

1) Tā shuài bu shuài? ______________________________

2) Wǒ yǒu yí ge jiějie, liǎng ge mèimei. ______________________________

3) Wǒmen kàn diànshì ba. ______________________________

8. 아래의 우리말을 중국어(한자)로 옮기세요.

1) 너 얼른 하나 찾아라. ______________________________

2) 나는 올해 25살입니다. ______________________________

3) 우리 커피 마시자. ______________________________

제8과

너 밥 먹었니?

주요 학습 내용

- ‘~는 ~를 하였다’를 표현하는 문형
- 같이 식사하자고 제안하기
- 이름 묻고 답하기

단어

(동작의 과거나 완료를 표현하는 조사)	le	了
(동작의 발생이나 완료의 부정을 표현하는 부사)	méi(yǒu)	没(有)
영화	diànyǐng	电影
사다	mǎi	买
맥주	píjiǔ	啤酒
일어나다	qǐ chuáng	起床
일하다	gōngzuò	工作
쉬다	xiūxi	休息
놀다	wánr	玩儿
~와	gēn	跟
함께, 같이	yìqǐ	一起
아직	hái	还
우리	zánmen	咱们
(긍정과 감탄의 느낌을 더해주는 조사)	a	啊
햄버거	hànbǎo	汉堡
어떻습니까	zěnmeyàng	怎么样
좋다, 된다	xíng	行
오늘	jīntiān	今天

한턱 내다	qǐng kè	请客
빨리	kuài	快
가다, 이동하다	zǒu	走
~라고 불리다, 부르다	jiào	叫
이름	míngzi	名字
김현경(이름)	Jīn Xuànjǐng	金泫暻
귀하다, 비싸다	guì	贵
성씨, 성이 ~이다	xìng	姓
학생(선생님이 학생을 부르는 호칭)	tóngxué	同学
점심밥	wǔfàn	午饭

문형 연습

기본문형1 'A는 B를 C하였다'를 표현하는 문형 :

A주어 + C동사술어 + B목적어 + 了 le

문형 노트

'나는 밥을 먹었어요'처럼 어떤 동작의 과거나 완료를 표현할 때, 즉 '~는 ~을 ~하였다'라는 의미를 표현할 때, 동사 뒤에 조사 '了'를 쓰면 된다. 만약 동사가 목적어를 지닐 때, 목적어가 그 앞에 수식성분이 없는 단순한 목적어라면 '了'는 목적어 뒤에 쓰면 된다. '나는 밥을 안 먹었어'처럼 동작의 발생이나 완료의 부정을 표현할 때는, 동사 앞에 '没méi(有yǒu)'를 쓰면 되는데, 이 때 조사 '了'는 같이 쓰지 않는다. 문장 끝에 '了没有 le méiyǒu'라고 말하면 정반의문문이 만들어진다. '너 뭘 먹었어?'처럼 어떤 대상을 묻는 질문을 할 때는 의문사 '什么 shénme'를 쓰면 된다.

1) 나는 먹었어요.
Wǒ chī le. 我吃了。

2) 나는 밥을 먹었어요.
Wǒ chī fàn le. 我吃饭了。

3) 내 남자친구는 봤어요. ____________________

4) 내 남자친구는 영화를 봤어요. ____________________

5) 내 여자친구가 샀어요. ____________________

6) 내 여자친구가 맥주를 샀어요. ____________________

7) 걔(그녀)는 일어났어요. ____________________

8) 쟤(그녀)는 일했어요. ____________________

9) 쟤(그)는 쉬었어요. ____________________

10) 걔(그)는 놀았어요. ____________________

응용문형1-1 'A는 B를 C하지 않았다'를 표현하는 문형 :

A주어 + 没 méi(有 yǒu) + C동사술어 + B목적어

1) 나는 밥을 안 먹었어요.
Wǒ méi chī fàn. 我没吃饭。

2) 우리는 영화를 보지 않았어요. ____________________

3) 걔(그녀)는 맥주를 안 샀어요. ____________________

4) 걔(그)들은 일어나지 않았어요. ____________________

5) 쟤(그녀)들은 쉬지 않았어요. ____________________

응용문형1-2 'A는 B를 C했습니까 C하지 않았습니까?'를 표현하는 문형 :

A주어 + C동사술어 + B목적어 + 了没有 le méiyǒu

1) 너 밥 먹었니 안 먹었니?
Nǐ chī fàn le méiyǒu? 你吃饭了没有?

2) 너희 영화 봤어 안 봤어? ____________________

3) 너 맥주 샀어 안 샀어? ____________________

4) 걔(그) 일어났어 안 일어났어? ____________________

5) 너 커피 마셨니 안 마셨니? ____________________

응용문형1-3 'A는 무엇을 B했습니까?'를 표현하는 문형 :

A주어 + B동사술어 + 什么 shénme + 了 le

1) 너 뭐 먹었어?
Nǐ chī shénme le ? 你吃什么了?

2) 너희 뭐 봤어? ____________________

3) 쟤(그녀)가 뭐 샀어? ____________________

4) 너 뭐 마셨어? ____________________

5) 선생님이 뭘 말했어? ____________________

기본문형2 'A는 B와 함께 C를 D하다'를 표현하는 문형:

A주어 + 跟 gēn + B + 一起 yìqǐ + D동사술어 + C목적어

문형 노트

'나는 그와 함께 밥을 먹습니다'처럼 '~와 함께 ~을 하다'라는 의미를 표현할 때, '~와'의 의미를 지니는 전치사 '跟'을 쓰는데, '跟+함께 하는 대상'을 동사 앞에 두면 된다.

1) 나는 걔(그)와 함께 밥을 먹어요.
Wǒ gēn tā yìqǐ chī fàn. 我跟他一起吃饭。

2) 걔(그녀)는 나와 함께 밥을 먹어요. ____________________

3) 걔(그녀)는 나와 함께 영화를 봐요. ____________________

4) 나는 남자친구와 함께 영화를 봐요. ____________________

5) 나는 남자친구와 함께 커피를 마셔요. ____________________

6) 걔(그)는 여자친구와 함께 커피를 마셔요. ____________________

7) 걔(그)는 여자친구와 함께 중국어를 공부해요. ________________________

8) 우리는 중국친구와 함께 중국어를 공부해요. ________________________

9) 우리는 중국친구와 함께 놀아요. ________________________

10) 나는 걔(그)들과 함께 놀아요. ________________________

회화 연습

1. 현경이가 李娜에게 밥 먹었는지 묻는다.

현경 : Nǐ chī fàn le ma ?
你 吃 饭 了 吗?

李娜 : Wǒ hái méi chī. Nǐ ne?
我 还 没[1]吃。你 呢?

현경 : Wǒ yě méi chī, Zánmen yìqǐ chī fàn ba.
我 也 没 吃。咱 们[2]一 起 吃 饭 吧。

李娜 : Hǎo a. Nǐ xǐhuan chī shénme?
好 啊[3]。你 喜 欢 吃 什 么?

현경 : Wǒ xǐhuan chī hànbǎo.
我 喜 欢 吃 汉 堡。

Zánmen chī hànbǎo zěnmeyàng?
咱 们 吃 汉 堡 怎 么 样[4]?

李娜 : Xíng. Jīntiān wǒ qǐng kè.
行。今 天 我 请 客。

현경 : Tài hǎo le! Kuài zǒu ba.
太好了[5]! 快走吧。

2. 왕선생님이 현경이를 처음 만나 이름을 묻는다.

현경 : Nín hǎo.
您好。

王老师 : Nǐ hǎo. Nǐ jiào shénme míngzi ?
你好。你叫什么名字[6]?

현경 : Wǒ jiào Jīn Xuànjǐng. Lǎoshī, nín guì xìng?
我叫金泫暻。老师, 您贵姓[6]?

王老师 : Wǒ xìng Wáng. Jīn tóngxué, nǐ chī wǔfàn le méiyǒu ?
我姓王。金同学, 你吃午饭了没有?

현경 : Hái méiyǒu.
还没有[7]。

王老师 : Nà nǐ gēn wǒ yìqǐ chī wǔfàn zěnmeyàng ?
那你跟我一起吃午饭怎么样?

현경 : Hǎo.
好。

회화 노트

❶ 我还没吃。

동작의 발생이나 완료의 부정을 표현하는 부사 '没有'는 그 뒤에 다른 동사가 오면 '有'를 생략할 수 있다.

❷ 咱们一起吃饭吧。

'我们'과 '咱们'은 둘 다 '우리'라는 의미를 지니는데, '咱们'은 말 듣는 사람을 반드시 포함하고, '我们'은 말 듣는 사람을 포함할 수도 있고 포함하지 않을 수도 있다.

❸ 好啊。

'啊'는 문장의 끝에 쓰여서 긍정, 감탄, 의문, 재촉, 부드러움 등 다양한 느낌을 표현하는 조사이다. 입말에서 자주 쓰인다.

❹ 咱们吃汉堡怎么样?

'어떻습니까'라는 뜻의 '怎么样'은 어떤 사람이나 사물에 대한 상대방의 의견을 묻거나, 어떤 제안에 대한 상대방의 의견을 물을 때 많이 쓰인다.

❺ 太好了!

'太'와 같이 쓰이는 '了'는 어떤 상태의 정도가 아주 높다는 느낌을 더해주는 조사이다. 동작의 과거나 완료를 나타내는 '了'와는 쓰임이 다르다.

❻ 你叫什么名字? / 您贵姓?

상대방의 이름을 편하게 물어볼 때는 '你叫什么名字?'라고 말하면 되고, 예의를 갖추어 이름을 물어볼 때는 성씨(姓氏)만 물어보는 형식으로 '您贵姓?'이라고 하면 된다.

❼ 还没有。

'~을 하지 않았다'라고 말할 때, '没有' 뒤에 동사를 말하면 되는데, 만약 '~을 하였습니까?'는 질문에 대한 답으로 간단히 '아니요'라고 말할 때는, 뒤의 동사를 생략하고 '没有'만 말해도 된다.

실력 업그레이드 필수보충단어

• 음식을 나타내는 단어

米饭	mǐfàn	쌀밥, 공기밥
面包	miànbāo	빵
蛋糕	dàngāo	케이크
三明治	sānmíngzhì	샌드위치
比萨饼	bǐsàbǐng	피자
方便面	fāngbiànmiàn	라면
牛肉面	niúròumiàn	소고기면
意大利面	yìdàlìmiàn	파스타
鸡肉	jīròu	닭고기
鸡蛋	jīdàn	달걀
炸鸡	zhájī	치킨
猪肉	zhūròu	돼지고기
五花肉	wǔhuāròu	삼겹살
牛肉	niúròu	소고기
烤肉	kǎoròu	불고기

泡菜	pàocài	김치
火锅	huǒguō	샤브샤브
生鱼片	shēngyúpiàn	회
寿司	shòusī	초밥

연습 문제

1. 녹음에서 들려주는 단어의 한어병음을 적으세요.

1) ______________________ 2) ______________________

3)______________________ 4) ______________________

2. 녹음에서 들려주는 문장의 한어병음과 뜻을 적으세요.

1) ____

2) ____

3) ____

3. 아래의 문장을 최대한 자연스러운 말투로 읽어보세요.

1) Jīntiān wǒ qǐngkè. 今天我请客。

2) Tài hǎo le! 太好了!

3) Nǐ chī wǔfàn le méiyǒu ? 你吃午饭了没有?

4. 자신의 상황에 맞게 주어진 질문에 대답해 보세요.

1) 你吃饭了吗?

2) 你喜欢吃什么?

3) 你叫什么名字?

4) 您贵姓?

5. 아래의 중국어 단어의 한어병음과 뜻을 적으세요.

1) 走 _________ _________ 2) 请客 _________ _________

3) 名字 _________ _________ 4) 快 _________ _________

5) 买 _________ _________ 6) 啤酒 _________ _________

6. 아래의 단어를 어순에 맞게 배열하세요.

1) 吧 / 饭 / 一起 / 咱们 / 吃 / 。

____

2) 名字 / 你 / 什么 / 叫 / ?

____

3) 我 / 咖啡 / 女朋友 / 跟 / 喝 / 一起 / 。

____

7. 아래의 한어병음을 한자로 바꿔 쓰세요.

1) Wǒ xìng Wáng. ______________________________

2) Zánmen chī hànbǎo zěnmeyàng? ______________________________

3) Tā qǐ chuáng le méiyǒu? ______________________________

8. 아래의 우리말을 중국어(한자)로 옮기세요.

1) 아주 좋지! 어서 가자. ______________________________

2) 너 영화 봤어 안 봤어? ______________________________

3) 나는 중국친구와 함께 중국어를 공부해요. ______________________________

제9과

너 어디 가?

주요 학습 내용

- '~는 ~에 ~가다/있다'를 표현하는 문형
- '~을 ~하고 싶다'를 표현하는 문형
- 행선지 묻고 답하기

단어

어디	nǎr	哪儿
가다	qù	去
(구내)식당	shítáng	食堂
오다	lái	来
돌아오다(가다)	huí	回
도서관	túshūguǎn	图书馆
~에 있다	zài	在
학교	xuéxiào	学校
기숙사	sùshè	宿舍
살다, 거주하다	zhù	住
~하고 싶다	xiǎng	想
룸메이트	shìyǒu	室友
그곳, 거기	nàr	那儿
이곳, 여기	zhèr	这儿
베이징	Běijīng	北京
영어	Yīngyǔ	英语
빌리다	jiè	借
하다	zuò	做

숙제	zuòyè	作业
알다	zhīdào	知道
왜 그래	zěnme le	怎么了
헤어지다	fēnshǒu	分手
~하지 마라	bié	别
허튼소리하다	húshuō	胡说
시간	shíjiān	时间
일	shìr	事儿
(게임을)하다	dǎ	打
게임	yóuxì	游戏
됐어, 그만해	suànle	算了

문형 연습

기본문형1 'A는 B에 C하다'를 표현하는 문형:

A주어 + C동사술어 + B장소 목적어

문형 노트

'나는 식당에 갑니다', '걔는 도서관에 있습니다'처럼 누군가가 어떤 장소로 이동하거나 무엇인가가 어떤 장소에 존재함을 표현할 때, 즉 '~는 ~에 ~하다'라는 의미를 표현할 때, 장소를 나타내는 말(장소 목적어)을 동사 뒤에 쓰면 된다. '너 어디에 가니?', '내 휴대폰이 어디에 있지?'처럼 장소를 질문할 때는 의문사 '哪儿 nǎr'을 쓰면 되고, '걔는 식당에 갔습니다'처럼 이미 발생한 동작을 말할 때는 목적어 뒤에 조사 '了 le'를 쓰면 된다.

1) 나는 식당에 갑니다.
Wǒ qù shítáng. 我去食堂。

2) 내 친구는 식당에 갑니다. ______________________

3) 내 친구가 한국에 옵니다. ______________________

4) 내 중국친구가 한국에 옵니다. ______________________

5) 내 중국친구가 중국에 (돌아)갑니다. ______________________

6) 걔(그)가 중국에 (돌아)갑니다. ______________________________

7) 걔(그)는 도서관에 있어. ______________________________

8) 내 여자친구는 도서관에 있어. ______________________________

9) 내 여자친구는 학교 기숙사에 살아. ______________________________

10) 내 남자친구는 학교 기숙사에 살아요. ______________________________

응용문형1-1 'A는 어디에 B합니까'를 표현하는 문형:

A주어 + B동사술어 + 哪儿 nǎr

1) 너 어디에 가니?

Nǐ qù nǎr? 你去哪儿?

2) 쟤(그)들은 어디 가니? ______________________________

3) 걔(그)들은 어디에 있어? ______________________________

4) 내 휴대폰이 어디에 있지? ______________________________

5) 식당이 어디에 있나요? ______________________________

응용문형1-2 'A는 B에 C하였다'를 표현하는 문형:

A주어 + C동사술어 + B장소 목적어 + 了 le

1) 걔(그)는 식당에 갔습니다.
   Tā qù shítáng le. 他去食堂了。

2) 걔(그)들은 중국에 갔습니다. ______________________________

3) 내 중국친구가 한국에 왔습니다. ______________________________

4) 내 남자친구가 학교에 왔어요. ______________________________

5) 걔(그녀)들은 기숙사에 (돌아)갔습니다. ______________________________

기본문형2 'A는 B를/에 C하고 싶다'를 표현하는 문형:

A주어 + 想 xiǎng + C동사술어 + B목적어

문형 노트

'나는 밥을 먹고 싶어', '나는 중국에 가고 싶어'처럼 어떤 동작이 발생하기를 희망하거나 바랄 때, 즉 '~하고 싶다'라는 의미를 표현할 때 동사 앞에 '想'을 쓰면 된다. '난 밥을 먹고 싶지 않아'처럼 '想'의 부정을 표현할 때는 '想' 앞에 '不 bù'를 쓰면 된다. 동사 앞에 '想不想 xiǎng bu xiǎng'을 쓰면 정반의문문이 만들어진다.

1) 나는 밥 먹고 싶어요.

Wǒ xiǎng chī fàn. 我想吃饭。

2) 내 룸메이트는 짜장면을 먹고 싶어 합니다.

3) 내 룸메이트는 중국에 가고 싶어 합니다.

4) 우리 아버지는 그곳에 가고 싶어 하십니다.

5) 우리 아버지는 여기에 오고 싶어 하십니다.

6) 우리 어머니는 베이징에 오고 싶어 하십니다.

7) 우리 어머니는 영화를 보고 싶어 하십니다.

8) 우리 오빠는 텔레비전을 보고 싶어 합니다.

9) 우리 형은 중국어를 공부하고 싶어 합니다.

10) 우리 누나는 영어를 공부하고 싶어 합니다.

응용문형2-1 'A는 B를/에 C하고 싶지 않다'를 표현하는 문형:

A주어 + 不 bù + 想 xiǎng + C동사술어 + B목적어

1) 나는 밥을 먹고 싶지 않습니다.
Wǒ bù xiǎng chī fàn. 我不想吃饭。

2) 내 룸메이트는 그곳에 가고 싶어 하지 않아요.

3) 우리 할아버지는 여기에 오고 싶어 하시지 않습니다.

4) 우리 할머니는 영화를 보고 싶어 하시지 않습니다.

5) 우리는 중국어를 공부하고 싶어 하지 않아요.

응용문형2-2 'A는 B를 C하고 싶습니까 C하고 싶지 않습니까?'를 표현하는 문형:

A주어 + 想不想 xiǎng bu xiǎng + C동사술어 + B목적어

1) 너 밥 먹고 싶어 안 먹고 싶어?

Nǐ xiǎng bu xiǎng chī fàn? 你想不想吃饭?

2) 너 커피 마시고 싶어 안 마시고 싶어?

---

3) 너 중국에 가고 싶어 안 가고 싶어?

---

4) 너 영화 보고 싶어 안 보고 싶어?

---

5) 너 중국어 공부하고 싶어 안 하고 싶어?

회화 연습

1. 李娜가 현경이에게 어디 가냐고 묻는다.

李娜 : Nǐ qù nǎr ?
你去哪儿?

현경 : Wǒ qù túshūguǎn.
我去图书馆。

李娜 : Nǐ xiǎng jiè shū ma ?
你想借书吗?

현경 : Bù, wǒ xiǎng zuò zuòyè.
不, 我想做作业。

李娜 : Nǐ nán péngyou ne? Tā yě zài túshūguǎn ma?
你男朋友呢?他也在图书馆吗?

현경 : Wǒ yě bù zhīdào.
我也不知道。

李娜 : Zěnme le? Nǐmen fēnshǒu le ?
怎么了[1]?你们分手了[2]?

현경 : Bié húshuō!
别 胡 说。

2. 李娜가 동주에게 영화 보러 가자고 말한다.

李娜 : Míngtiān nǐ yǒu shíjiān ma?
明 天 你 有 时 间 吗?

동주 : Yǒu, yǒu shénme shìr ma ?
有, 有 什 么 事儿 吗[3]?

李娜 : Wǒ xiǎng kàn diànyǐng, Zánmen yìqǐ qù, hǎo bu hǎo ?
我 想 看 电 影, 咱 们 一 起 去, 好 不 好[4]?

동주 : Wǒ bù xiǎng kàn diànyǐng,
我 不 想 看 电 影 ,

zánmen yìqǐ dǎ yóuxì zěnmeyàng ?
咱 们 一 起 打 游 戏 怎 么 样?

李娜 : Suànle, nǐ yí ge rén wánr ba.
算 了[5], 你 一 个 人 玩 吧。

회화 노트

❶ 怎么了?

'怎么了'는 '무슨 일이야?', '어떻게 된거야' 등의 뜻으로, 주로 평소와는 다른 상황을 만났거나 혹은 예상과는 다른 상황을 목격하게 되었을 때 입말에서 많이 쓰는 표현이다.

❷ 你们分手了?

입말에서는, 의문을 나타내는 조사 '吗'나 '谁', '什么', '哪儿' 등의 의문사를 쓰지 않고도, 문장 끝 억양을 올려서 의문을 나타내기도 한다. 이러한 의문문은 주로 의외나 놀람의 느낌을 같이 나타낸다.

❸ 有什么事儿吗?

의문사가 쓰이는 의문문에서는 의문을 나타내는 조사 '吗'를 사용하지 못하지만, 이 문장에서의 '什么'는 무엇인지를 묻는 것이 아니고, 확정적이지 않은 무엇인가를 의미하기 때문에, '吗와 같이 쓰일 수 있다.

❹ 咱们一起去, 好不好?

'好不好?'는 문장 끝에서 주로 어떤 제안을 하거나 상대방의 의견을 물을 때 사용되는데, '好吗?'나 '怎么样?'으로 말해도 된다.

❺ 算了

'算了'는 '됐다', '그만두다', '따지지 않다', '개의치 않다' 등의 뜻으로, 주로 어떤 요구나 계획을 포기할 때나 어떤 행위를 그만하자고 말할 때 사용한다.

실력 업그레이드 필수보충단어

• 장소를 나타내는 단어

家	jiā	집
洗手间	xǐshǒujiān	화장실
教室	jiàoshì	교실
办公室	bàngōngshì	사무실
商店	shāngdiàn	상점, 가게
便利店	biànlìdiàn	편의점
咖啡厅	kāfēitīng	커피숍
电影院	diànyǐngyuàn	영화관
网吧	wǎngbā	PC방
酒吧	jiǔbā	술집
饭馆	fànguǎn	식당
餐厅	cāntīng	식당
银行	yínháng	은행
邮局	yóujú	우체국
超市	chāoshì	슈퍼마켓, 마트
医院	yīyuàn	병원

书店	shūdiàn	서점
地铁站	dìtiězhàn	지하철역
车站	chēzhàn	버스정류장
机场	jīchǎng	공항

연습 문제

1. 녹음에서 들려주는 단어의 한어병음을 적으세요.

1) ____________________ 2) ____________________

3) ____________________ 4) ____________________

2. 녹음에서 들려주는 문장의 한어병음과 뜻을 적으세요.

1) ____

2) ____

3) ____

3. 아래의 문장을 최대한 자연스러운 말투로 읽어보세요.

1) Zěnme le? Nǐmen fēnshǒu le? 怎么了? 你们分手了?

2) Zánmen yìqǐ qù, hǎo bu hǎo? 咱们一起去, 好不好?

3) Suànle, nǐ yí ge rén wánr ba. 算了, 你一个人玩吧。

4. 자신의 상황에 맞게 주어진 질문에 대답해 보세요.

1) 你在哪儿?

2) 明天你有时间吗?

3) 你喜欢打游戏吗?

4) 你想不想去中国?

5. 아래의 중국어 단어의 한어병음과 뜻을 적으세요.

1) 回 ________ ________ 2) 住 ________ ________

3) 那儿 ________ ________ 4) 这儿 ________ ________

5) 室友 ________ ________ 6) 胡说 ________ ________

6. 아래의 단어를 어순에 맞게 배열하세요.

1) 图书馆 / 他 / 吗 / 在 / 也 / 吗 / ?

____

2) 什么 / 吗 / 有 / 事儿 / ?

____

3) 学 / 我 / 汉语 / 想 / 哥哥 / 。

____

7. 아래의 한어병음을 한자로 바꿔 쓰세요.

1) Nǐ xiǎng jiè shū ma? ______________________________

2) Wǒ bù xiǎng kàn diànyǐng. ______________________________

3) Tā qù shítáng le. ______________________________

8. 아래의 우리말을 중국어(한자)로 옮기세요.

1) 너 어디 가니? ______________________________

2) 나는 숙제를 하고 싶어. ______________________________

3) 내 휴대폰이 어디에 있지? ______________________________

제10과

나는 편의점에서 아르바이트 합니다

주요 학습 내용

- '~는 ~에서 ~하다'를 표현하는 문형
- 가족 묻고 답하기
- 직업 묻고 답하기

단어

~에서	zài	在
할아버지	yéye	爷爷
집, (회사를 세는 단위)	jiā	家
술	jiǔ	酒
할머니	nǎinai	奶奶
편의점	biànlìdiàn	便利店
아르바이트하다	dǎgōng	打工
가게	shāngdiàn	商店
영화관	diànyǐngyuàn	电影院
카페거리	kāfēijiē	咖啡街
삼성	Sānxīng	三星
이후	yǐhòu	以后
몇	jǐ	几
(가족을 세는 단위)	kǒu	口
칠(7)	qī	七
그리고	hé	和
대학교	dàxué	大学
졸업하다	bìyè	毕业

작년	qùnián	去年
지금	xiànzài	现在
무역	màoyì	贸易
회사	gōngsī	公司
부근	fùjìn	附近
피곤하다	lèi	累
그런대로	hái	还
괜찮다, 좋다	kěyǐ	可以
되다	dāng	当

문형 연습

기본문형1 'A는 B에서 C를 D하다'를 표현하는 문형:

A주어 + 在 zài + B장소 + D동사술어 + C목적어

문형 노트

'나는 식당에서 밥을 먹어요'처럼, 동작이 발생하는 장소를 표현할 때, 즉 '~에서 ~을 ~하다'라는 의미를 표현할 때, 동작이 발생하는 장소를 먼저 말한 후 동작을 말하면 된다. 동작이 발생하는 장소는 '在+장소'로 표현한다. '너 어디에서 밥 먹니?'처럼 장소를 묻는 질문은 의문사 '哪儿 nǎr'을 '在' 뒤에 쓰면 된다. '나는 식당에서 밥을 먹고 싶어요'처럼 희망이나 바람을 표현할 때는 조동사 '想 xiǎng'을 '在+장소' 앞에 둔다.

1) 나는 식당에서 밥을 먹어요.
   Wǒ zài shítáng chī fàn. 我在食堂吃饭。

2) 할아버지는 집에서 식사하십니다.

3) 할아버지는 집에서 영화를 보십니다.

4) 걔(그)는 기숙사에서 영화를 봅니다.

5) 걔(그)는 기숙사에서 술을 마십니다.

6) 걔(그)들은 학교에서 술을 마십니다.

7) 걔(그)들은 학교에서 일합니다.

8) 우리 할머니는 편의점에서 일합니다.

9) 우리 할머니는 편의점에서 아르바이트합니다.

10) 내 중국친구는 상점에서 아르바이트합니다.

응용문형1-1 'A는 어디에서 C를 D합니까?'를 표현하는 문형:

A주어 + 在 zài + 哪儿 nǎr + D동사술어 + C목적어

1) 너는 어디에서 밥을 먹어?
Nǐ zài nǎr chī fàn? 你在哪儿吃饭?

2) 걔(그녀)들은 어디에서 영화를 보나요?

____

3) 우리 어디에서 술을 마시지?

____

4) 네 형은 어디에서 일해?

____

5) 너는 어디에서 아르바이트하니?

____

응용문형1-2 'A는 B에서 C를 D하고 싶다'를 표현하는 문형:

A주어 + 想 xiǎng + 在 zài + B장소 + D동사술어 + C목적어

1) 나는 식당에서 밥을 먹고 싶어요.
Wǒ xiǎng zài shítáng chī fàn. 我想在食堂吃饭。

2) 걔(그녀)는 영화관에서 영화 보고 싶어 합니다.

3) 걔(그녀)들은 카페거리에서 커피 마시고 싶어 합니다.

4) 걔(그)는 학교에서 아르바이트 하고 싶어 합니다.

5) 나는 삼성에서 일하고 싶어요.

기본문형2 'A이후에 B하다'를 표현하는 문형:

A행위·시간 + 以后 yǐhòu + B행위

문형 노트

'밥 먹은 후에 도서관 갑니다'처럼 어떤 행위를 한 후에 혹은 어떤 시간 이후에 다른 행위를 한다는 것을 표현할 때, 즉 '~한 이후에 ~하다'라는 의미를 표현할 때, '以后'를 행위나 시간을 나타내는 말 뒤에 두면 된다.

1) 나는 밥 먹은 후에 도서관 갑니다.
Wǒ chī fàn yǐhòu qù túshūguǎn. 我吃饭以后去图书馆。

2) 걔(그)는 커피 마신 후에 도서관 갑니다.

3) 걔(그)는 커피 마신 후에 학교에 옵니다.

4) 걔(그녀)는 숙제를 한 후에 학교에 옵니다.

5) 걔(그녀)는 숙제를 한 후에 편의점에서 아르바이트를 합니다.

6) 우리 형은 졸업한 후에 편의점에서 아르바이트를 합니다.

7) 우리 형은 졸업한 후에 삼성에서 일합니다.

8) 내 중국 친구는 한국에 온 후에 삼성에서 일합니다.

9) 내 중국 친구는 한국에 온 후에 여자친구와 헤어졌어요.

10) 걔(그)들은 중국에 간 이후에 헤어졌어요.

회화 연습

1. 왕선생님이 동주의 가족에 대해 묻는다.

王老师： Lín tóngxué, nǐ jiā yǒu jǐ kǒu rén ?
林同学，你家有几口[1]人？

동주： Wǒ jiā yǒu sì kǒu rén.
我家有四口人。

王老师： Nǐ jiā yǒu shénme rén ?
你家有什么人[1]？

동주： Yǒu bàba`māma`gēge hé wǒ.
有爸爸、妈妈、哥哥和我。

王老师： Nǐ gēge jīnnián duō dà?
你哥哥今年多大？

동주： Tā jīnnián èr shí qī.
他今年二十七[2]。

王老师： Tā dàxué bìyè le méiyǒu ?
他大学毕业[3]了没有？

동주 : Qùnián bìyè le.
去年毕业了。

王老师 : Xiànzài zài nǎr gōngzuò ?
现在在哪儿工作[4]?

동주 : Zài yì jiā màoyì gōngsī gōngzuò.
在一家[5]贸易公司工作。

2. 왕선생님이 동주가 하는 아르바이트에 대해 묻는다.

王老师 : Nǐ zài nǎr dǎgōng ?
你在哪儿打工?

동주 : Wǒ zài xuéxiào fùjìn de biànlìdiàn dǎgōng.
我在学校附近的便利店打工。

王老师 : Lèi bu lèi ?
累不累?

동주 : Hái kěyǐ.
还可以[6]。

王老师 : Bìyè yǐhoù nǐ xiǎng zuò shénme gōngzuò ?
毕业以后你想做什么工作[4]?

동주 : Wǒ xiǎng dāng lǎoshī.
我想当老师。

회화 노트

❶ 你家有几口人? / 你家有什么人?

일반적으로 사람의 수를 셀 때는 양사 '个 ge'를 사용하지만, 가족의 수를 물을 때는 양사 '口 kǒu'를 사용한다. 그래서 가족의 수를 물을 때 '你家有几口人?'이라고 말하면 되고, 가족 구성원이 어떻게 되는 지를 물을 때는 '你家有什么人?'이라고 물으면 된다.

❷ 他今年二十七。

나이를 세는 단위인 '岁 suì'는 보통 10살 이상의 나이를 말할 때 생략할 수 있다.

❸ 他大学毕业了没有?

'毕业'는 '졸업하다'라는 뜻인데, '대학교를 졸업하다' 혹은 '고등학교를 졸업하다'라고 할 때, 고등학교와 대학교를 의미하는 단어가 '毕业' 뒤에 오지 않고 앞에 위치한다.

❹ 现在在哪儿工作? 你想做什么工作?

누군가의 직업을 물을 때, 어디서 일하는지와 무슨 일을 하는지를 주로 묻는데, 어디서 일하는 지를 물을 때는 '在哪儿工作?'라고 묻고, 무슨 일을 하는 지를 물을 때는 '做什么工作?'라고 물으면 된다.

❺ 在一家贸易公司工作。

양사 '家 jiā'는 주로 회사, 상점, (외부)식당, 술집, 서점, 커피숍 등 이익을 위해 영업 활동을 하는 곳을 셀 때 쓰인다.

❻ 还可以。

'그런대로 괜찮아요'라는 의미를 표현할 때 '还可以' 외에도, '还好', '还行' 등이 사용되기도 한다.

실력 업그레이드 필수보충단어

• 중국 10대 성씨

李	lǐ	
王	Wáng	
张	Zhāng	
刘	Liú	
陈	Chén	
杨	Yáng	
黄	Huáng	
赵	Zhào	
周	Zhōu	
吴	Wú	

• 한국 10대 성씨의 중국어 발음

金	김	Jīn
李	이	Lǐ
朴	박	Piáo
崔	최	Cuī
郑	정	Zhèng
姜	강	Jiāng
赵	조	Zhào
尹	윤	Yǐn
张	장	Zhāng
林	임	Lín

연습 문제

1. 녹음에서 들려주는 문장의 한어병음과 뜻을 적으세요.

1) ____________________

2) ____________________

3) ____________________

2. 녹음을 듣고 아래 질문에 대한 답을 중국어(한자)로 적으세요.

1) 说话人的家有几口人?

2) 说话人的哥哥在哪儿工作?

3) 说话人毕业以后想做什么工作?

3. 아래의 문장을 최대한 자연스러운 말투로 읽어보세요.

1) Nǐ jiā yǒu jǐ kǒu rén? 你家有几口人?

2) Tā dàxué bìyè le méiyǒu? 他大学毕业了没有?

3) Bìyè yǐhòu nǐ xiǎng zuò shénme gōngzuò? 毕业以后你想做什么工作?

4. 자신의 상황에 맞게 아래의 질문에 대답해 보세요.

1) 你有兄弟姐妹吗?

2) 你大学毕业了没有?

3) 你现在在哪儿工作?

4) 以后你想做什么工作?

5. 아래의 중국어 단어의 한어병음과 뜻을 적으세요.

1) 毕业 __________ __________　　2) 贸易 __________ __________

3) 可以 __________ __________　　4) 爷爷 __________ __________

5) 便利店 __________ __________　　6) 咖啡街 __________ __________

6. 아래의 단어를 어순에 맞게 배열하세요.

1) 人 / 你 / 有 / 家 / 什么 / ?

____

2) 我 / 打工 / 学校 / 附近 / 在 / 的 / 便利店 / 。

____

3) 饭 / 在 / 食堂 / 我 / 吃 / 想 / 。

____

7. 아래의 한어병음을 한자로 바꿔 쓰세요.

1) Yǒu bàba、māma、gēge hé wǒ. ____________________

2) Tā jīnnián èr shí qī. ____________________

3) Wǒmen zài nǎr hē jiǔ? ____________________

8. 아래의 우리말을 중국어(한자)로 옮기세요.

1) 우리 형은 한 무역회사에서 일해요. ____________________

2) 걔(그녀)는 삼성에서 일하고 싶어 합니다. ____________________

3) 나는 밥 먹은 후에 도서관에 갑니다. ____________________

제11과

너 몇시에 수업 마쳐?

주요 학습 내용

- '~는 ~시에 ~하다'를 표현하는 문형
- 시간 묻고 답하기
- 약속 시간과 장소 묻고 답하기

단어

시	diǎn	点
분	fēn	分
팔(8)	bā	八
구(9)	jiǔ	九
반, 30분	bàn	半
아침밥	zǎofàn	早饭
오전	shàngwǔ	上午
수업	kè	课
(수업을)하다	shàng	上
오후	xiàwǔ	下午
(수업을)마치다	xià	下
저녁밥	wǎnfàn	晚饭
저녁	wǎnshang	晚上
이르다, (아침 인사말)	zǎo	早
모자라다, 부족하다	chà	差
~부터	cóng	从
~까지	dào	到
입구	ménkǒu	门口

시험	kǎoshì	考试
시작하다	kāishǐ	开始
(15분을 나타내는 단위)	kè	刻
끝나다	jiéshù	结束
긴장하다	jǐnzhāng	紧张
힘내다	jiāyóu	加油
잠 자다	shuìjiào	睡觉

문형 연습

기본문형1 '지금은 A시 B분이다'를 표현하는 문형 :

现在 xiànzài + A숫자 + 点 diǎn + B숫자 + 分 fēn

문형 노트

'지금은 1시 30분입니다'처럼 현재의 시간을 표현할 때, '现在'를 주어로 두고, 그 뒤에 '시'를 나타내는 단위인 '点'과 '분'을 나타내는 단위인 '分'을 숫자와 함께 차례대로 말하면 된다. '~이다'라는 의미를 지니는 동사 '是 shì'는 특별히 강조해야 하는 경우가 아니면 일반적으로 말하지 않는다.

1) 지금은 2시 10분입니다.
   Xiànzài liǎng diǎn shí fēn. 现在两点十分。

2) 지금은 3시 10분입니다.

3) 지금은 3시 30분입니다.

4) 지금은 8시 30분입니다.

5) 지금은 8시 45분입니다.

6) 지금은 9시 45분입니다.

7) 지금은 9시 50분입니다.

8) 지금은 11시 50분입니다.

9) 지금은 11시 55분입니다.

10) 지금은 12시입니다.

기본문형2 'A는 B시에 C를 D하다'를 표현하는 문형:

A주어 + B숫자 + 点 diǎn + D동사술어 + C목적어

문형 노트

'나는 7시에 일어나'처럼, 동작이 발생하는 시간을 표현할 때, 즉 '~가 ~시(~분)에 ~를 ~하다'라는 의미를 나타낼 때, 동작이 발생하는 시간을 먼저 말한 후에 동작을 말하면 된다. '몇 시에 일어나니?'처럼 '몇 시'라고 질문할 때는 '몇'을 의미하는 의문사 '几 jǐ'를 써서 '几点 jǐdiǎn'이라고 질문하면 된다. '나는 8시에 집에서 아침밥을 먹어요'처럼 동작이 발생하는 시간과 동작이 발생하는 장소를 같이 말할 때는 일반적으로 시간을 장소보다 먼저 말한다.

1) 나는 아침 7시에 일어납니다.
Wǒ zǎoshang qī diǎn qǐ chuáng. 我早上七点起床。

2) 우리 형은 8시 반에 일어납니다.

3) 우리 형은 8시 반에 아침을 먹어요

4) 내 남동생은 9시에 아침밥 먹어요.

5) 내 남동생은 9시에 학교 갑니다.

6) 내 여동생은 오전 10시에 학교 갑니다.

____

7) 내 여동생은 오전 10시에 수업 합니다.

____

8) 우리 누나는 오후 4시 반에 수업 합니다.

____

9) 우리 누나는 오후 4시 반에 수업 마쳐요.

____

10) 우리는 오후 5시에 수업 마쳐요.

____

응용문형2-1 'A는 몇 시에 B를 C합니까'를 표현하는 문형:

A주어 + 几 jǐ + 点 diǎn + C동사술어 + B목적어

1) 너 몇 시에 일어나?
Nǐ jǐ diǎn qǐ chuáng? 你几点起床?

2) 우리 몇 시에 수업해? ______________________________

3) 너희는 몇 시에 수업 마쳐? ______________________________

4) 우리 몇 시에 밥 먹어? ______________________________

5) 우리 몇 시에 만나? ______________________________

응용문형2-2 'A는 B시에 C에서 D를 E합니다'를 표현하는 문형 :

A주어 + B숫자+ 点 diǎn + 在 + C장소 + E동사술어 + D목적어

1) 나는 8시에 집에서 아침밥을 먹어요.
Wǒ bā diǎn zài jiā chī zǎofàn. 我八点在家吃早饭。

2) 우리는 오전 10시에 학교에서 수업합니다.

____

3) 걔(그녀)는 오후 4시에 도서관에서 중국어를 공부합니다.

____

4) 우리는 오후 5시에 식당에서 저녁밥을 먹어요.

____

5) 나는 저녁 8시에 편의점에서 아르바이트 합니다.

____

회화 연습

1. 동주와 李娜가 아침에 만나, 저녁 식사 약속을 잡는다.

동주 : Zǎo! Nǐ chī zǎofàn le ma?
早❶! 你 吃 早 饭 了 吗?

李娜 : Chī le. Nǐ ne?
吃 了。你 呢?

동주 : Wǒ yě chī le. Xiànzài jǐ diǎn ?
我 也 吃 了。現 在 几 点❷ ?

李娜 : Chà shí fēn jiǔ diǎn.
差❸十 分 九 点。

동주 : Nǐ jīntiān jǐ diǎn xià kè?
你 今 天 几 点 下 课 ?

李娜 : Wǔ diǎn xià kè,
五 点 下 课 ,

wǒ jīntiān cóng liǎng diǎn dào wǔ diǎn yǒu kè.
我 今 天 從❹两 点 到 五 点 有 课。

동주 : Nà xià kè yǐhòu yìqǐ chī wǎnfàn ba.
那 下 课 以 后 一 起 吃 晚 饭 吧。

李娜 : Hǎo a, zài nǎr jiàn ?
好 啊, 在 哪儿 见?

동주 : Wǔ diǎn bàn zài shítáng ménkǒu jiàn ba.
五 点 半 在 食 堂 门 口 见 吧。

2. 동주와 李娜가 시험에 대해 이야기 나눈다.

동주 : Jīntiān wǒ yǒu kǎoshì.
今 天 我 有 考 试。

李娜 : Kǎoshì jǐ diǎn kāishǐ ?
考 试 几 点 开 始?

동주 : Shàngwǔ shí diǎn yí kè kāishǐ.
上 午 十 点 一 刻[5] 开 始。

李娜 : Jǐ diǎn jiéshù?
几 点 结 束?

동주 : Shí yī diǎn bàn jiéshù.
十 一 点 半 结 束。

李娜 : Bié jǐnzhāng, jiāyóu!
别 紧 张, 加 油!

회화 노트

❶ 早!

아침에 친분이 있는 누군가를 만나 인사를 나눌 때의 인사말로 '早'가 많이 쓰인다. '早'라고만 말해도 되고, 그 앞에 인사를 받는 대상을 넣어 '你早'나 '您早'라고 말해도 된다.

❷ 現在几点?

시간, 날짜, 요일, 나이, 가격 등을 말할 때, 특별히 강조해주는 경우가 아니면 동사 '是'를 사용하지 않는다.

❸ 差十分九点。

'~시 ~분 전'이라는 시간 표현은 '모자라다', '부족하다'라는 뜻의 '差'를 써서 나타낼 수 있다. '差十分九点'은 '10분이 부족한 9시'라는 뜻으로 '9시 10분전'을 의미한다.

❹ 我今天從两点到五点有课。

출발시간과 도착시간, 즉 '~부터 ~까지'라는 의미를 나타낼 때 전치사 '从'과 '到'를 쓴다. '从'과 '到'는 시간뿐만이 아니라 장소의 출발점과 도착점을 나타낼 수도 있다.

❺ 上午十点一刻开始。

시간 단위 중 '刻'는 '15분'을 나타내는 단위다. '15분'을 나타낼 때는 '一刻', '45분'을 나타낼 때는 '三刻'라고 하면 된다.

실력 업그레이드 필수보충단어

• 시간을 나타내는 단어

去年	qùnián	작년
今年	jīnnián	올해
明年	míngnián	내년
前天	qiántiān	그제
昨天	zuótiān	어제
今天	jīntiān	오늘
明天	míngtiān	내일
后天	hòutiān	모레
星期一	xīngqīyī	월요일
星期二	xīngqīèr	화요일
星期四	xīngqīsì	목요일
星期六	xīngqīliù	토요일
星期天	xīngqītiān	일요일
凌晨	língchén	새벽
早上	zǎoshang	아침
上午	shàngwǔ	오전

中午	zhōngwǔ	점심때
下午	xiàwǔ	오후
晚上	wǎnshang	저녁
夜里	yèli	한밤

연습 문제

1. 녹음에서 들려주는 문장의 한어병음과 뜻을 적으세요.

1) ______________________

2) ______________________

3) ______________________

2. 녹음을 듣고 아래 질문에 대한 답을 중국어(한자)로 적으세요.

1) 说话人几点起床?

2) 说话人从几点到几点有课?

3) 他几点睡觉?

3. 아래의 문장을 최대한 자연스러운 말투로 읽어보세요.

1) Zǎo! Nǐ chī zǎofàn le ma? 早! 你吃早饭了吗?

2) Hǎo a, zài nǎr jiàn? 好啊, 在哪儿见?

3) Bié jǐnzhāng, jiāyóu! 别紧张, 加油!

4. 자신의 상황에 맞게 아래의 질문에 대답해 보세요.

1) 你几点起床?

2) 你今天吃早饭了吗?

3) 你几点吃晚饭?

4) 你几点睡觉?

5. 아래의 중국어 단어의 한어병음과 뜻을 적으세요.

1) 差 __________ __________　　2) 下课 __________ __________

3) 考试 __________ __________　　4) 结束 __________ __________

5) 晚饭 __________ __________　　6) 刻 __________ __________

6. 아래의 단어를 어순에 맞게 배열하세요.

1) 吧 / 五 / 点 / 在 / 食堂 / 半 / 见 / 门口 / 。

____

2) 两 / 到 / 我 / 课 / 從 / 点 / 五 / 今天 / 点 / 有 / 。

____

3) 家 / 点 / 在 / 吃 / 八 / 早饭 / 我 / 。

____

7. 아래의 한어병음을 한자로 바꿔 쓰세요.

1) Wǒ yě chī le. Xiànzài jǐ diǎn? ______________________________

2) Hǎo a, zài nǎr jiàn? ______________________________

3) Shàngwǔ shí diǎn yí kè kāishǐ. ______________________________

8. 아래의 우리말을 중국어(한자)로 옮기세요.

1) 너 오늘 몇 시에 수업 마쳐? ______________________________

2) 내 여동생은 오전 10시에 학교 갑니다. ______________________________

3) 우리는 오후 5시에 식당에서 저녁밥을 먹습니다. ______________________________

부록 : 본문 해석

문형과
회화로
만나는
중국어 1

본문 해석

제3과 고마워요

1.
王老师: 안녕하세요.
동주: 안녕하세요.

2.
王老师: 좋은 아침입니다.
동주: 좋은 아침입니다.

3.
동주: 안녕히 가세요.
王老师: 잘 가요.

4.
동주: 고맙습니다.
王老师: 아니에요.

5.
동주: 죄송합니다.
王老师: 괜찮아요.

제4과 너 아주 예뻐.

1.
동주: 리나, 오래간만이야. 잘 지내지?
李娜: 잘 지내. 너는?
동주: 나도 잘 지내.

2.
동주: 너 배고프지 않니?
李娜: 배고프지 않아. 너는?
동주: 약간 배고파.

3.
동주: 너 아주 예뻐.
李娜: 고마워.

제5과 나는 양꼬치 먹을게.

1.
동주: 난 짜장면 먹을 건데,
너 먹어 안 먹어?
李娜: 안 먹어, 나는 면음식을 좋아하지 않아.
동주: 그럼 너 뭐 먹어?
李娜: 나는 양꼬치 먹을게.

2.
동주: 나는 커피 마실 건데,
너도 커피 마실래?
李娜: 난 커피를 좋아하지 않아.
동주: 그럼 뭐 좋아해?
李娜: 난 콜라를 좋아해.
너는 콜라 좋아해 안 좋아해?
동주: 그다지 좋아하지 않아.

제6과 나는 한국인입니다.

1.
저스틴: 안녕. 너 중국인이니?
동주: 나는 중국인이 아니고, 한국인이야. 너는 어느 나라 사람이야?
저스틴: 나는 미국인이야.

2.
李娜: 쟤 누구야?
동주: 내 반친구야.

3.
동주: 이게 뭐야?
李娜: 휴대폰이야.
동주: 네 거니?
李娜: 내 거 아니야.
동주: 누구 건데?
李娜: 우리 오빠 거야.

제7과 나는 남자친구가 없어요.

1.
李娜: 이게 뭐야?
현경: 내 남자친구 사진이야.
李娜: 정말 멋있다! 몇 살이야?
현경: 올해 스물세 살이야.
너 남자친구 있어 없어?
李娜: 없어.
현경: 어서 하나 찾아봐.

2.
李娜: 너 올해 몇 살이니?
张伟: 올해 스물한 살이야.
李娜: 형제자매가 있니?
张伟: 누나 하나, 여동생 둘 있어. 너는?
李娜: 나는 형제자매가 없어, 외동딸이야.

제8과 너 밥 먹었니?

1.

현경: 너 밥 먹었니?
李娜: 아직 안 먹었어. 너는?
현경: 나도 안 먹었어. 우리 같이 밥 먹자.
李娜: 좋지. 너 뭐 좋아해?
현경: 나는 햄버거 좋아해.
우리 햄버거 먹는 거 어때?
李娜: 좋아. 오늘은 내가 한 턱 낼게.
현경: 너무 좋지! 어서 가자.

2.

현경: 안녕하세요.
王老师: 안녕하세요. 이름이 뭔가요?
현경: 김현경이라고 힙니다.
선생님 성이 어떻게 되십니까?
王老师: 왕 씨에요. 김현경학생,
점심식사 했나요?
현경: 아직 안했습니다.
王老师: 그럼 나와 같이 점심 먹는 거 어때요?
현경: 좋습니다.

제9과 너 어디 가?

1.

李娜: 너 어디 가?
현경: 도서관에 가.
李娜: 책 빌리고 싶은 거야?
현경: 아니, 숙제하려고.
李娜: 너 남자친구는?
걔도 도서관에 있어?
현경: 나도 모르는데.
李娜: 왜 그래? 너네 헤어졌어?
현경: 쓸데없는 소리 하지 마.

2.

李娜: 내일 너 시간 있니?
동주: 있어. 무슨 일 있어?
李娜: 영화를 보고 싶은데,
우리 같이 갈래?
동주: 나는 영화 보고 싶지 않은데.
우리 같이 게임 하는 거 어때?
李娜: 됐어, 너 혼자서 놀아.

제10과 나는 편의점에서 아르바이트 합니다.

1.

王老师: 임동주학생, 가족이 몇 명이에요?

동주: 4명입니다.

王老师: 누구누구 있는데요?

동주: 아버지, 엄마, 형 그리고 접니다.

王老师: 형은 올해 나이가 어떻게 되죠?

동주: 형은 올해 스물일곱입니다.

王老师: 대학교 졸업 했나요?

동주: 작년에 졸업 했습니다.

王老师: 지금은 어디서 일하나요?

동주: 한 무역회사에서 일합니다.

2.

王老师: 어디서 아르바이트 하나요?

동주: 저는 학교 부근의 편의점에서 아르바이트 합니다.

王老师: 피곤하지 않아요?

동주: 그런대로 괜찮습니다.

王老师: 졸업한 후에 무슨 일 하고 싶어요?

동주: 저는 선생님이 되고 싶습니다.

제11과 너 몇시에 수업 마쳐?

1.

동주: 좋은 아침. 아침 먹었어?

李娜: 먹었어. 너는?

동주: 나도 먹었어. 지금 몇 시야?

李娜: 9시 10분전이야.

동주: 너 오늘 몇 시에 수업 마쳐?

李娜: 5시에 수업 마쳐. 나는 오늘 2시부터 5시까지 수업이 있어.

동주: 그럼 수업 마치고나서 같이 저녁 먹자.

동주: 좋지. 어디서 만날까?

李娜: 5시 반에 식당 입구에서 만나자.

2.

동주: 오늘 나 시험이 있어.

李娜: 시험이 몇 시에 시작해?

동주: 오전 10시 15분에 시작해.

李娜: 몇 시에 끝나는데?

동주: 11시 반에 끝나.

李娜: 긴장하지 말고, 힘내.

부록 : 정답 및 녹음 대본

문형과
회화로
만나는
중국어 1

정답 및 녹음 대본

제1과 발음 익히기

• 성조 연습

2. 녹음을 듣고 성조를 표기하세요.

① bā	② pí	③ mǔ
④ dì	⑤ tá	⑥ kǔ
⑦ gū	⑧ nà	⑨ tǐ
⑩ pá	⑪ mì	⑫ dū
⑬ māma	⑭ yéye	⑮ nǎinai
⑯ bàba	⑰ gūgu	⑱ dìdi

• 운모 연습

3. 녹음을 듣고 빈칸에 들어갈 운모와 성조를 적으세요.

① bō	② pèi	③ móu
④ dǒng	⑤ tè	⑥ niǎo
⑦ gùn	⑧ kuān	⑨ bié
⑩ pèng	⑪ miǔ	⑫ duī
⑬ yuàn	⑭ yǒu	⑮ wǒ
⑯ yòng	⑰ yūn	⑱ wú

• 성모 연습

3. 녹음을 듣고 빈칸에 들어갈 성모를 적고 운모 위에 성조도 표기하세요.

① fǎ	② rú	③ hǎo
④ jiè	⑤ rùn	⑥ zhēn

⑦ suó ⑧ lǚ ⑨ zuǐ
⑩ chuān ⑪ kái ⑫ pèng
⑬ qué ⑭ shī ⑮ xuǎn
⑯ sè ⑰ zhuī ⑱ cí

제2과 발음 다지기

• 연습문제로 발음 다지기

1. 다음 녹음을 듣고 알맞은 성모에 O표하시오.

1) (b, p)ā 2) (p, f)ù 3) (d, t)ě
4) (n, l)ì 5) (m, f)ó 6) (n, l)è
7) (k, h)ǔ 8) (m, f)á 9) (g, k)ě
10) (l, r)ì 11) (x, s)īn 12) (j, q)uán
13) (q, x)ù 14) (zh, z)ǔn 15) (j, x)ióng
16) (r, l)ú 17) (j, q)ué 18) (c, ch)ún
19) (z, j)ù 20) (x, s)ī 21) (z, j)uàn

2. 다음 녹음을 듣고 알맞은 운모에 O표하시오.

1) b(ā,ō) 2) m(í, ú) 3) t(è, ù)
4) n(ǐ, ǚ) 5) p(ài, èi) 6) f(ěn, ǎn)
7) k(āng, ēng) 8) z(uān, ǔn) 9) f(àn, àng)
10) l(iè,üè) 11) j(ué, uán) 12) c(ǐ, ǔ)
13) q(ū, uē) 14) x(ù, ùn) 15) zh(uá, uán)
16) ch(uāi, uī) 17) sh(uò, ùn) 18) s(ōu, uō)
19) j(uǎn, ǔn) 20) x(īn, iū) 21) c(uí, uán)

3. 다음 녹음을 듣고 성조표시를 하시오.

1) bā bá	2) gù gǔ	3) dé de
4) mò mó	5) tī tí	6) tián tiǎn
7) nǚ nǜ	8) kǎ kā	9) liàng liāng
10) fù fǔ	11) nǔ nù	12) zǒu zòu
13) zhī zhǐ	14) rě rè	15) chuāng chuáng
16) shuān shuàn	17) suō suǒ	18) zuó zuò
19) chāi chái	20) chūn chún	21) cān cán

4. 다음 녹음을 듣고 빈칸을 채우시오

◉ 성모

1) pá	2) nǚ	3) fàn
4) hé	5) tuǎn	6) zuì
7) jū	8) zhuā	9) xuè
10) chéng	11) qǐ	12) cè
13) bīpò	14) tǔdì	15) dàgē
16) chāozhī	17) xióngjùn	18) zuǐchún

◉ 운모와 성조

1) lù	2) kě	3) dào
4) nián	5) fǎng	6) xuě
7) cuò	8) zhuāng	9) chūn
10) chóng	11) zuǒ	12) rù
13) nèiháng	14) fùyù	15) bōli
16) chūnjié	17) zhōuxuán	18) juéde

제3과 고마워요!

• 문형 연습

⊙ 기본문형1

2) Nín hǎo. 您好。

3) Lǎoshī hǎo. 老师好。

4) Nǐmen hǎo. 你们好。

⊙ 응용문형1-1

2) Xiàwǔ hǎo. 下午好。

3) Wǎnshang hǎo. 晚上好。

⊙ 기본문형2

2) Xiàwǔ jiàn. 下午见。

3) Wǎnshang jiàn. 晚上见。

4) Míngtiān jiàn. 明天见。

• 연습 문제

1. 1) ② hǎo　　2) ② zài　　3) ① méi　　4) ① shī

2. [녹음대본]

1) 对不起　　2) 谢谢　　3) 再见

1) méi guānxi.

2) bú kèqi.

3) zài jiàn.

4. 1) Méi guānxi.

2) Míngtiān jiàn.

3) Xièxie.

5. 1) zǎoshang 아침
2) xièxie 고마워요
3) nǐmen 너희들
4) Wáng 왕(성씨)

6. 1) 안녕하세요.
2) 죄송합니다.
3) 저녁에 봐.

7. 1) 你好。
2) 谢谢。
3) 下午见。

8. 1) 老师好。
2) 没关系。
3) 晚上好。

제4과 너 아주 예뻐.

• 문형 연습

◉ 기본문형1

2) Wǒmen hěn hǎo. 我们很好。
3) Wǒmen hěn máng. 我们很忙。
4) Tā hěn máng. 她很忙。
5) Tā hěn piàoliang. 她很漂亮。
6) Tāmen hěn piàoliang. 她们很漂亮。
7) Tāmen hěn è. 她们很饿。
8) Tā hěn è. 他很饿。
9) Tā hěn shuài. 他很帅。
10) Tāmen hěn shuài. 他们很帅。

◉ 기본문형2

2) Nǐmen hǎo ma? 你们好吗?

3) Nǐmen máng ma? 你们忙吗?

4) Tā máng ma? 她忙吗?

5) Tā piàoliang ma? 她漂亮吗?

6) Tāmen piàoliang ma? 她们漂亮吗?

7) Tāmen è ma? 她们饿吗?

8) Tā è ma? 他饿吗?

9) Tā shuài ma? 他帅吗?

10) Tāmen shuài ma? 他们帅吗?

◉ 기본문형3

2) Wǒmen bù hǎo. 我们不好。

3) Wǒmen bù máng. 我们不忙。

4) Tā bù máng. 她不忙。

5) Tā bú piàoliang. 她不漂亮。

6) Tāmen bú piàoliang. 她们不漂亮。

7) Tāmen bú è. 她们不饿。

8) Tā bú è. 他不饿。

9) Tā bú shuài. 他不帅。

10) Tāmen bú shuài. 他们不帅。

◉ 응용문형3-1

2) Tā bú piàoliang ma? 她不漂亮吗?

3) Nǐ bú è ma? 你不饿吗?

4) Tā bú shuài ma? 他不帅吗?

• 연습 문제

1. 1) ① hén
2) ② è
3) ② juàn
4) ② kǎo

2. 1) wǒ
2) yě
3) piàoliang
4) xièxie

4. 1) Nǐ hǎo.
2) Nǐ hǎo ma?
3) Xièxie.

5. 1) è 배고프다
2) yǒudiǎnr 좀, 약간
3) máng 바쁘다
4) shuài 잘생기다

6. 1) 나도 잘 지내.
2) 그녀들은 무척 예뻐요.
3) 너 바쁘지 않니?

7. 1) 你好吗?
2) 我有点儿饿。
3) 他们很帅。

8. 1) 好久不见。
2) 他不帅。
3) 我有点儿忙。

제5과 나는 양꼬치 먹을게.

• 문형 연습

◉ 기본문형1

2) Wǒmen chī zhájiàngmiàn. 我们吃炸酱面。

3) Wǒmen hē kāfēi. 我们喝咖啡。

4) Tā hē kāfēi. 他喝咖啡。

5) Tā xué Hànyǔ. 他学汉语。

6) Tāmen xué Hànyǔ. 他们学汉语。

7) Tāmen tīng gǔdiǎn yīnyuè. 他们听古典音乐。

8) Tā tīng gǔdiǎn yīnyuè. 她听古典音乐。

9) Tā kàn diànshì. 她看电视。

10) Tāmen kàn diànshì. 她们看电视。

◉ 응용문형1-1

2) Nǐ hē kāfēi ma? 你喝咖啡吗?

3) Tā xué Hànyǔ ma? 他学汉语吗?

4) Tā tīng gǔdiǎn yīnyuè ma? 她听古典音乐吗?

5) Nǐ kàn diànshì ma? 你看电视吗?

◉ 응용문형1-2

2) Wǒ bù hē kāfēi. 我不喝咖啡。

3) Tā bù xué Hànyǔ. 他不学汉语。

4) Tā bù tīng gǔdiǎn yīnyuè. 她不听古典音乐。

5) Wǒ bú kàn diànshì. 我不看电视。

◉ 기본문형2

3) Nǐ hē bu hē? 你喝不喝?

4) Nǐ hē bu hē kāfēi? 你喝不喝咖啡?

5) Nǐ xué bu xué? 你学不学?

6) Nǐ xué bu xué Hànyǔ? 你学不学汉语?

7) Nǐ tīng bu tīng? 你听不听?

8) Nǐ tīng bu tīng gǔdiǎn yīnyuè? 你听不听古典音乐?

9) Nǐ kàn bu kàn? 你看不看?

10) Nǐ kàn bu kàn diànshì? 你看不看电视?

⦿ 응용문형2-1

2) Tā piàoliang bu piàoliang? 她漂亮不漂亮?

3) Nǐ è bu è? 你饿不饿?

4) Zhájiàngmiàn hǎochī bu hǎochī? 炸酱面好吃不好吃?

5) Kāfēi hǎohē bu hǎohē? 咖啡好喝不好喝?

⦿ 기본문형3

2) Wǒmen chī shénme? 我们吃什么?

3) Wǒmen hē shénme? 我们喝什么?

4) Tā hē shénme? 他喝什么?

5) Tā xué shénme? 他学什么?

6) Tāmen xué shénme? 他们学什么?

7) Tāmen tīng shénme? 他们听什么?

8) Tā tīng shénme? 她听什么?

9) Tā kàn shénme? 她看什么?

10) Tāmen kàn shénme? 她们看什么?

• 연습 문제

1. 1) ② tiào　　2) ② kě

3) ① huáng　　4) ① chī

2. 1) kāfēi
2) xǐhuan
3) kělè
4) zhájiàngmiàn

4. 1) Wǒ bù chī.
2) Nà nǐ xǐhuan hē shénme?

5. 1) miàntiáo 면음식
2) yángròuchuànr 양꼬치
3) diànshì 텔레비전
4) hǎochī 맛있다

6. 1) 너 먹어 안 먹어?
2) 그는 중국어를 공부합니다.
3) 커피가 맛있나요 맛없나요?

7. 1) 我吃炸酱面。
2) 我喜欢喝可乐。
3) 你忙不忙?

8. 1) 我不太喜欢。
2) 她不听古典音乐。
3) 她漂亮不漂亮?

제6과 나는 한국인입니다.

• 문형 연습

◉ 기본문형1

2) Bàba shì Hánguó rén. 爸爸是韩国人。
3) Bàba shì Zhōngguó rén. 爸爸是中国人。
4) Māma shì Zhōngguó rén. 妈妈是中国人。
5) Māma shì Rìběn rén. 妈妈是日本人。

6) Tā shì Rìběn rén. 他是日本人。

7) Tā shì xuésheng. 他是学生。

8) Tāmen shì xuésheng. 他们是学生。

9) Tāmen shì lǎoshī. 他们是老师。

10) Wǒmen shì lǎoshī. 我们是老师。

◉ 응용문형1-1

2) Tā shì Zhōngguó rén ma? 他是中国人吗?

3) Nín shì lǎoshī ma? 您是老师吗?

4) Zhè shì zhìnéng shǒujī ma? 这是智能手机吗?

5) Zhè shì shū ma? 这是书吗?

◉ 응용문형1-2

2) Tā bú shì Rìběn rén. 他不是日本人。

3) Tā bú shì xuésheng. 他不是学生。

4) Zhè bú shì zhìnéng shǒujī. 这不是智能手机。

5) Zhè bú shì shū. 这不是书。

◉ 기본문형2

2) Nà shì Wáng lǎoshī de shǒujī. 那是王老师的手机。

3) Nà shì Wáng lǎoshī de shū. 那是王老师的书。

4) Zhè shì gēge de shū. 这是哥哥的书。

5) Zhè shì gēge de kāfēi. 这是哥哥的咖啡。

6) Nà shì jiějie de kāfēi. 这是姐姐的咖啡。

7) Tā shì wǒ jiějie. 她是我姐姐。

8) Tā shì wǒ péngyou. 她是我朋友。

9) Zhè shì wǒ péngyou de kělè. 这是我朋友的可乐。

10) Nà shì wǒ bàba de kělè. 那是我爸爸的可乐。

◉ 기본문형3

2) Nà shì wǒ de. 那是我的。

3) Nà shì Wáng lǎoshī de. 那是王老师的。

4) Zhè shì Wáng lǎoshī de. 这是王老师的。

5) Zhè shì wǒ gēge de. 这是我哥哥的。

6) Nà shì wǒ gēge de. 那是我哥哥的。

7) Nà shì wǒ jiějie de. 那是我姐姐的。

8) Zhè shì wǒ jiějie de. 这是我姐姐的。

9) Zhè shì wǒ péngyou de. 这是我朋友的。

10) Nà shì wǒ péngyou de. 那是我朋友的。

• 연습 문제

1. 1) ② nǎ　2) ① shī
3) ① xué　4) ① zhè

2. 1) Zhōngguó　2) tóngxué
3) shǒujī　4) gēge

4. 1) Nǐ shì nǎ guó rén?
2) Tā shì shéi?
3) Zhè shì shénme?

5. 1) nǎ 어느　2) shénme 무엇
3) xuésheng 학생　4) nà 저것

6. 1) 그는 내 반 친구야.
2) 이것은 스마트 폰이 아닙니다.
3) 저것은 우리 아버지의 콜라입니다.

7. 1) 他是谁?
   2) 这是你的手机吗?
   3) 她是我姐姐。

8. 1) 我是韩国人。
   2) 那是王老师的书。
   3) 这是我的。

제7과 나는 남자친구가 없어요.

• 문형 연습

◉ 기본문형1

2) Wǒ jiějie yǒu nán péngyou. 我姐姐有男朋友。

3) Wǒ jiějie yǒu Zhōngguó péngyou. 我姐姐有中国朋友。

4) Wǒ gēge yǒu Zhōngguó péngyou. 我哥哥有中国朋友。

5) Wǒ gēge yǒu nǚ péngyou. 我哥哥有女朋友。

6) Wǒ dìdi yǒu nǚ péngyou. 我弟弟有女朋友。

7) Wǒ dìdi yǒu shǒujī. 我弟弟有手机。

8) Wǒ mèimei yǒu shǒujī. 我妹妹有手机。

9) Wǒ mèimei yǒu píngbǎn diànnǎo. 我妹妹有平板电脑。

10) Wǒmen yǒu píngbǎn diànnǎo. 我们有平板电脑。

◉ 응용문형1-1

2) Wǒmen méiyǒu Zhōngguó péngyou. 我们没有中国朋友。

3) Wǒ gēge méiyǒu nǚ péngyou. 我哥哥没有女朋友。

4) Wǒ dìdi méiyǒu shǒujī. 我弟弟没有手机。

5) Wǒ mèimei méiyǒu píngbǎn diànnǎo. 我妹妹没有平板电脑。

◉ 응용문형1-2

2) Tā yǒu méiyǒu nǚ péngyou？ 他有没有女朋友？

3) Nǐ yǒu méiyǒu Zhōngguó péngyou？ 你有没有中国朋友？

4) Nǐmen yǒu méiyǒu shǒujī？ 你们有没有手机？

5) Tāmen yǒu méiyǒu píngbǎn diànnǎo？ 她们有没有平板电脑？

◉ 기본문형2

2) Wǒ yǒu sān běn shū. 我有三本书。

3) Wǒ yǒu sì běn shū. 我有四本书。

4) Wǒ yǒu sì ge Zhōngguó péngyou. 我有四个中国朋友。

5) Wǒ yǒu shí wǔ ge Zhōngguó péngyou. 我有十五个中国朋友。

6) Wǒ yǒu shí wǔ běn cídiǎn. 我有十五本词典。

7) Wǒ yǒu èr shí běn cídiǎn. 我有二十本词典。

8) Wǒ yǒu èr shí ge Měiguó péngyou. 我有二十个美国朋友。

9) Wǒ yǒu liù shí ge Měiguó péngyou. 我有六十个美国朋友。

10) Wǒ yǒu liù shí ge Hánguó péngyou. 我有六十个韩国朋友。

◉ 기본문형3

3) Nǐ hē ba. 你喝吧。

4) Nǐ hē kāfēi ba. 你喝咖啡吧。

5) Nǐ kàn ba. 你看吧。

6) Nǐ kàn diànshì ba. 你看电视吧。

7) Nǐ shuō ba. 你说吧。

8) Nǐ shuō Hànyǔ ba. 你说汉语吧。

9) Nǐ zhǎo ba. 你找吧。

10) Nǐ zhǎo lǎoshī ba. 你找老师吧。

◉ 응용문형3-1

2) Wǒmen hē kāfēi ba. 我们喝咖啡吧。

3) Wǒmen xué Hànyǔ ba. 我们学汉语吧。

4) Wǒmen tīng yīnyuè ba. 我们听音乐吧。

5) Wǒmen kàn diànshì ba. 我们看电视吧。

• 연습 문제

1. 1) méiyǒu　　2) diànnǎo
   3) liù　　4) xiōngdì

2. 1) Wǒ yǒu méiyǒu nán péngyou? 너 남자친구 있니 없니?
   2) Wǒ shì dúshēngnǚ. 나는 외동딸이에요.
   3) Wǒmen chī zhájiàngmiàn ba. 우리 짜장면 먹자.

5. 1) shí 십　　2) zhàopiàn 사진
   3) shuo 말하나　　4) cídiǎn 사진
   5) dà 크다　　6) dìdi 弟弟 남동생

6. 1) 这是我男朋友的照片。
   2) 你今年多大?
   3) 我有三个中国朋友。

7. 1) 帅不帅?
   2) 我有一个姐姐、两个妹妹。
   3) 我们看电视吧。

8. 1) 你赶快找一个吧。
   2) 我今年二十五岁。
   3) 我们喝咖啡吧。

제8과 너 밥 먹었니?

• 문형 연습

◉ 기본문형1

3) Wǒ nán péngyou kàn le. 我男朋友看了。

4) Wǒ nán péngyou kàn diànyǐng le. 我男朋友看电影了。

5) Wǒ nǚ péngyou mǎi le. 我女朋友买了。

6) Wǒ nǚ péngyou mǎi píjiǔ le. 我女朋友买啤酒了。

7) Tā qǐ chuáng le. 她起床了。

8) Tā gōngzuò le. 她工作了。

9) Tā xiūxi le. 他休息了。

10) Tā wánr le. 他玩儿了。

◉ 응용문형1-1

2) Wǒmen méi kàn diàn yǐng. 我们没看电影。

3) Tā méi mǎi píjiǔ. 她没买啤酒。

4) Tāmen méi qǐ chuáng. 他们没起床。

5) Tāmen méi xiūxi. 她们没休息。

◉ 응용문형1-2

2) Nǐmen kàn diànyǐng le méiyǒu? 你们看电影了没有？

3) Nǐ mǎi píjiǔ le méiyǒu? 你买啤酒了没有？

4) Tā qǐ chuáng le méiyǒu? 他起床了没有？

5) Nǐ hē kāfēi le méiyǒu? 你喝咖啡了没有？

◉ 응용문형1-3

2) Nǐmen kàn shénme le? 你们看什么了？

3) Tā mǎi shénme le? 她买什么了？

4) Nǐ hē shénme le? 你喝什么了？

5) Lǎoshī shuō shénme le？ 老师说什么了？

◉ 기본문형2

2) Tā gēn wǒ yìqǐ chī fàn. 她跟我一起吃饭。

3) Tā gēn wǒ yìqǐ kàn diànyǐng. 她跟我一起看电影。

4) Wǒ gēn nán péngyou yìqǐ kàn diànyǐng. 我跟男朋友一起看电影。

5) Wǒ gēn nán péngyou yìqǐ hē kāfēi. 我跟男朋友一起喝咖啡。

6) Tā gēn nǚ péngyou yìqǐ hē kāfēi. 他跟女朋友一起喝咖啡。

7) Tā gēn nǚ péngyou yìqǐ xué Hànyǔ. 他跟女朋友一起学汉语。

8) Wǒmen gēn Zhōngguó péngyou yìqǐ xué Hànyǔ. 我们跟中国朋友一起学汉语。

9) Wǒmen gēn Zhōngguó péngyou yìqǐ wár. 我们跟中国朋友一起玩儿。

10) Wǒ gēn tāmen yìqǐ wár. 我跟他们一起玩儿。

• 연습 문제

1. 1) diànyǐng 2) yìqǐ
 3) zánmen 4) wǔfàn

2. 1) Wǒ hái méi chī. Nǐ ne? 나는 아직 안 먹었어. 너는?
 2) Wǒ xǐhuan chī hànbǎo. 나는 햄버거 먹는 것을 좋아합니다.
 3) Wǒ gēn tā yìqǐ chī fàn. 나는 그와 함께 밥을 먹어요.

5. 1) zǒu 가다 2) qǐng kè 한 턱 내다
 3) míngzi 이름 4) kuài 빠르다
 5) mǎi 사다 6) píjiǔ 맥주

6. 1) 咱们一起吃饭吧。
 2) 你叫什么名字?
 3) 我跟女朋友一起喝咖啡。

7. 1) 我姓王。
   2) 咱们吃汉堡怎么样?
   3) 他起床了没有?

8. 1) 太好了! 快走吧。
   2) 你看电影了没有?
   3) 我跟中国朋友一起学汉语。

제9과 너 어디 가?

• 문형 연습

◉ 기본문형1

2) Wǒ péngyou qù shítáng. 我朋友去食堂。

3) Wǒ péngyou lái Hánguó. 我朋友来韩国。

4) Wǒ Zhōngguó péngyou lái Hánguó. 我中国朋友来韩国。

5) Wǒ Zhōngguó péngyou huí Zhōngguó. 我中国朋友回中国。

6) Tā huí Zhōngguó. 他回中国。

7) Tā zài túshūguǎn. 他在图书馆。

8) Wǒ nǚ péngyou zài túshūguǎn. 我女朋友在图书馆。

9) Wǒ nǚ péngyou zhù xuéxiào sùshè. 我女朋友住学校宿舍。

10) Wǒ nán péngyou zhù xuéxiào sùshè. 我男朋友住学校宿舍。

◉ 응용문형1-1

2) Tāmen qù nǎr? 他们去哪儿?

3) Tāmen zài nǎr? 他们在哪儿?

4) Wǒ de shǒujī zài nǎr? 我的手机在哪儿?

5) Shítáng zài nǎr? 食堂在哪儿?

◉ 응용문형1-2

2) Tāmen qù Zhōngguó le. 他们去中国了。

3) Wǒ Zhōngguó péngyou lái Hánguó le. 我中国朋友来韩国了。

4) Wǒ nán péngyou lái xuéxiào le. 我男朋友来学校了。

5) Tāmen huí sùshè le. 她们回宿舍了。

◉ 기본문형2

2) Wǒ shìyǒu xiǎng chı zhàjiàngmiàn. 我室友想吃炸酱面。

3) Wǒ shìyǒu xiǎng qù Zhōngguó. 我室友想去中国。

4) Wǒ bàba xiǎng qù nàr. 我爸爸想去那儿。

5) Wǒ bàba xiǎng lái zhèr. 我爸爸想来这儿。

6) Wǒ māma xiǎng lái Běijīng. 我妈妈想来北京。

7) Wǒ māma xiǎng kàn diànyǐng. 我妈妈想看电影。

8) Wǒ gēge xiǎng kàn diànshì. 我哥哥想看电视。

9) Wǒ gēge xiǎng xué Hànyǔ. 我哥哥想学汉语。

10) Wǒ jiějie xiǎng xué Yīngyǔ. 我姐姐想学英语。

◉ 응용문형2-1

2) Wǒ shìyǒu bù xiǎng qù nàr. 我室友不想去那儿。

3) Wǒ bàba bù xiǎng lái zhèr. 我爸爸不想来这儿。

4) Wǒ māmā bù xiǎng kàn diànyǐng. 我妈妈不想看电影。

5) Wǒmen bù xiǎng xué Hànyǔ. 我们不想学汉语。

◉ 응용문형2-2

2) Nǐ xiǎng bú xiǎng hē kā fēi？ 你想不想喝咖啡？

3) Nǐ xiǎng bú xiǎng qù zhōng guó？ 你想不想去中国？

4) Nǐ xiǎng bú xiǎng kàn diàn yǐng？ 你想不想看电影？

5) Nǐ xiǎng bú xiǎng xué hàn yǔ？ 你想不想学汉语？

• 연습 문제

1. 1) nǎr
2) bié
3) xuéxiào
4) shíjiān

2. 1) Wǒ qù túshūguǎn. 나는 도서관에 갑니다.
2) Nǐ nán péngyou ne? 너 남자친구는?
3) Tāmen zài nǎr? 걔들은 어디에 있습니까?

5. 1) huí 돌아가(오)다
2) zhù 살다
3) nàr 그곳
4) zhèr 이곳
5) shìyǒu 룸메이트
6) hú shuō 허튼소리하다

6. 1) 他也在图书馆吗？
2) 有什么事儿吗？
3) 我哥哥想学汉语。

7. 1) 你想借书吗？
2) 我不想看电影。
3) 他去食堂了。

8. 1) 你去哪儿？
2) 我想做作业。
3) 我的手机在哪儿？

제10과 나는 편의점에서 아르바이트합니다.

• 문형 연습

◉ 기본문형1

2) Yéye zài jiā chī fàn. 爷爷在家吃饭。

3) Yéye zài jiā kàn diànyǐng. 爷爷在家看电影。

4) Tā zài sùshè kàn diànyǐng. 他在宿舍看电影。

5) Tā zài sùshè hē jiǔ. 他在宿舍喝酒。

6) Tāmen zài xuéxiào hē jiǔ. 他们在学校喝酒。

7) Tāmen zài xuéxiào gōngzuò. 他们在学校工作。

8) Wǒ nǎinai zài biànlìdiàn gōngzuò. 我奶奶在便利店工作。

9) Wǒ nǎinai zài biànlìdiàn dǎgōng. 我奶奶在便利店打工。

10) Wǒ Zhōngguó péngyou zài shāngdiàn dǎgōng. 我中国朋友在商店打工。

◉ 응용문형1-1

2) Tāmen zài nǎr kàn diànyǐng? 她们在哪儿看电影？

3) Wǒmen zài nǎr hē jiǔ? 我们在哪儿喝酒？

4) Nǐ gēge zài nǎr gōngzuò? 你哥哥在哪儿工作？

5) Nǐ zài nǎr dǎgōng? 你在哪儿打工？

◉ 응용문형1-2

2) Tā xiǎng zài diànyǐngyuàn kàn diànyǐng. 她想在电影院看电影。

3) Tāmen xiǎng zài kāfēijiē hē kāfēi. 她们想在咖啡街喝咖啡。

4) Tā xiǎng zài xuéxiào dǎgōng. 他想在学校打工。

5) Wǒ xiǎng zài Sānxīng gōngzuò. 我想在三星工作。

◉ 기본문형2

2) Tā hē kāfēi yǐhòu qù túshūguǎn. 他喝咖啡以后去图书馆。

3) Tā hē kāfēi yǐhòu lái xuéxiào. 他喝咖啡以后来学校。

4) Tā zuò zuòyè yǐhòu lái xuéxiào. 她做作业以后来学校。

5) Tā zuò zuòyè yǐhòu zài biànlìdiàn dǎgōng. 她做作业以后在便利店打工。

6) Wǒ gēge bìyè yǐhòu zài biànlìdiàn dǎgōng. 我哥哥毕业以后在便利店打工。

7) Wǒ gēge bìyè yǐhòu zài Sānxīng gōngzuò. 我哥哥毕业以后在三星工作。

8) Wǒ Zhōngguó péngyou lái Hánguó yǐhòu zài Sānxīng gōngzuò.
我中国朋友来韩国以后在三星工作。

9) Wǒ Zhōngguó péngyou lái Hánguó yǐhòu gēn nǚ péngyou fēnshǒu le.
我中国朋友来韩国以后跟女朋友分手了。

10) Tāmen qù Zhōngguó yǐhòu fēnshǒu le. 他们去中国以后分手了。

• 연습 문제

1. 1) Wǒ jiā yǒu sì kǒu rén. 우리집은 가족이 4명입니다.

2) Nǐ zài nǎr dǎgōng? 너 어디서 아르바이트하니?

3) Tǎ xiǎng zài diànyǐngyuàn kàn diànyǐng. 그는 영화관에서 영화를 보고 싶어 합니다.

2. [녹음대본]

我家有四口人，爸爸、妈妈、哥哥和我。我哥哥今年27岁。他去年大学毕业了。他在一家贸易公司工作。我呢? 现在在学校附近的便利店打工。毕业以后我想当教汉语的老师。

1) 有四口人。

2) 在一家贸易公司工作。

3) 相当教汉语的老师。

5. 1) bìyè 졸업하다　　2) màoyì 무역
3) kěyǐ 괜찮다　　4) yéye 할아버지
5) biànlìdiàn 편의점　　6) kāfēijiē 커피거리

6. 1) 你家有什么人？
2) 我在学校附近的便利店打工。
3) 我想在食堂吃饭。

7. 1) 有爸爸、妈妈、哥哥和我。
2) 他今年二十七。
3) 我们在哪儿喝酒？

8. 1) 我哥哥在一家贸易公司工作。
2) 她想在三星工作？
3) 我吃饭以后去图书馆。

제11과 너 몇 시에 수업 마쳐?

◉ 기본문형1

2) Xiànzài sān diǎn shí fēn. 现在三点十分。
3) Xiànzài sān diǎn sān shí fēn. 现在三点三十分。
4) Xiànzài bā diǎn sān shí fēn. 现在八点三十分。
5) Xiànzài bā diǎn sì shí wǔ fēn. 现在八点四十五分。
6) Xiànzài jiǔ diǎn sì shí wǔ fēn. 现在九点四十五分。
7) Xiànzài jiǔ diǎn wǔ shí fēn. 现在九点五十分。
8) Xiànzài shí yī diǎn wǔ shí fēn. 现在十一点五十分。
9) Xiànzài shí yī diǎn wǔ shí wǔ fēn. 现在十一点五十五分。
10) Xiànzài shí èr diǎn. 现在十二点。

◉ 기본문형2

2) Wǒ gēge bā diǎn bàn qǐ chuáng. 我哥哥八点半起床。

3) Wǒ gēge bā diǎn bàn chī zǎofàn. 我哥哥八点半吃早饭。

4) Wǒ dìdi jiǔ diǎn chī zǎofàn. 我弟弟九点吃早饭。

5) Wǒ dìdi jiǔ diǎn qù xuéxiào. 我弟弟九点去学校。

6) Wǒ mèimei shàngwǔ shí diǎn qù xuéxiào. 我妹妹上午十点去学校。

7) Wǒ mèimei shàngwǔ shí diǎn shàng kè. 我妹妹上午十点上课。

8) Wǒ jiějie xiàwǔ sì diǎn bàn shàng kè. 我姐姐下午四点半上课。

9) Wǒ jiějie xiàwǔ sì diǎn bàn xià kè. 我姐姐下午四点半下课。

10) Wǒmen xiàwǔ wǔ diǎn xià kè. 我们下午五点下课。

◉ 응용문형2-1

2) Wǒmen jǐ diǎn shàng kè? 我们几点上课？

3) Nǐmen jǐ diǎn xià kè? 你们几点下课？

4) Wǒmen jǐ diǎn chī fàn? 我们几点吃饭？

5) Wǒmen jǐ diǎn jiàn? 我们几点见？

◉ 응용문형2-2

2) Wǒmen shàngwǔ shí diǎn zài xuéxiào shàng kè. 我们上午十点在学校上课。

3) Tā xiàwǔ sì diǎn zài túshūguǎn xué Hànyǔ. 她下午四点在图书馆学汉语。

4) Wǒmen xiàwǔ wǔ diǎn zài shítáng chī wǎnfàn. 我们下午五点在食堂吃晚饭。

5) Wǒ wǎnshàng bā diǎn zài biànlìdiàn dǎgōng. 我晚上八点在便利店打工。

• 연습 문제

1. 1) Chī le. Nǐ ne? 먹었어. 너는?

2) Shí yī diǎn bàn jiéshù. 11시 반에 끝나.

3) Wǒmen jǐ diǎn jiàn? 우리 몇 시에 만나?

2. [녹음대본]

我早上6点起床，7点吃早饭，从8点到12点有课。吃午饭以后，在图书馆学汉语。我下午六点在学校门口见中国朋友，我们一起吃晚饭。我晚上8点回宿舍。12点睡觉。

1) 六点起床。
2) 从八点到十二点有课。
3) 十二点睡觉。

5. 1) chà 모자라다
2) xiàkè 수업 마치다
3) kǎoshì 시험
4) jiéshù 끝나다
5) wǎnfàn 저녁밥
6) kè 15분

6. 1) 五点半在食堂门口见吧。
2) 我今天从两点到五点有课。
3) 我八点在家吃早饭。

7. 1) 我也吃了。现在几点？
2) 好啊，在哪儿见？
3) 上午十点一刻开始。

8. 1) 你今天几点下课？
2) 我妹妹上午十点去学校。
3) 我们下午五点在食堂吃晚饭。

부록 : 단어 찾기

문형과
회화로
만나는
중국어 1

단어 찾기

duō 多 많다 66

duō 多 얼마나 104

dúshēngnǚ 独生女 외동딸 104

è 饿 배고프다 57

èr 二 이(2) 103

fàn 饭 밥, 식사 103

fāngbiànmiàn 方便面 라면 132

fànguǎn 饭馆 식당 150

fēnshǒu 分手 헤어지다 140

fēn 分 분 173

fùjìn 附近 부근 158

fúwùyuán 服务员 종업원 98

gǎnkuài 赶快 빨리, 얼른 104

gāo 高 높다 66

gāoxìng 高兴 기쁘다 66

ge 个 명, 개(단위) 103

gēge 哥哥 형, 오빠 89

gēn 跟 ~와 121

gōngchéngshī 工程师 엔지니어 98

gōngsī zhíyuán 公司职员 회사 직원 98

gōngsī 公司 회사 158

gōngwùyuán 公务员 공무원 98

gōngzuò 工作 일하다 82, 121

gǔdiǎn yīnyuè 古典音乐 클래식 71

guì 贵 귀하다, 비싸다 122

guì 贵 비싸다 66

hái 还 아직 121

hái 还 그런대로 158

hànbǎo 汉堡 햄버거 121

Hánguó rén 韩国人 한국인 89

Hànyǔ 汉语 중국어 71

hǎo jiǔ bú jiàn 好久不见 오래간만입니다 57

hǎo 好 좋다, 안녕하다 45

hǎochī 好吃 맛있다 66, 71

hē 喝 마시다 71

hěn 很 매우, 아주 57

hé 和 그리고 157

hòutiān 后天 모레 183

huí 回 돌아오다(가다) 139

huǒguō 火锅 샤브샤브 133

hùshi 护士 간호사 98

húshuō 胡说 허튼소리하다 140

jǐ 几 몇 157

jiā 家 식당(단위) 114

jiā 家 집 150

jiàn 见 만나다 45

Jiāng 姜 강(성) 168

jiào 叫 ~라고 불리다, 부르다 122

jiàoshī 教师 교사 98

문형과 회화로 만나는 중국어 1

초판 인쇄 2017년 12월 22일
초판 발행 2017년 12월 27일

지은이 홍영희 · 임재호
발행인 김인철
총괄 · 기획 가정준 Director, University Knowledge Press
편집장 신선호 Executive Knowledge Contents Creator
도서편집 박현정 Contents Creator
전자책편집 이리나 e-Contents Creator
재무관리 김은혜 Managing Creator
마케팅 파트장 백승이 Chief Marketing Creator
마케팅 박종원 Marketing Creator
발행처 한국외국어대학교 지식출판원
02450 서울특별시 동대문구 이문로 107
전화 02)2173-2493~7
팩스 02)2173-3363
홈페이지 http://press.hufs.ac.kr
전자우편 press@hufs.ac.kr
출판등록 제6-6호(1969. 4. 30)
디자인 · 편집 디자인퍼브 02)2254-4308
인쇄 · 제본 네오프린텍 02)718-3111

ISBN 979-11-5901-251-8 13720 정가 18,000원

*잘못된 책은 교환하여 드립니다.

HU;NE 은 한국외국어대학교 지식출판원의 어학도서, 사회과학도서, 지역학 도서 Sub Brand이다. 한국외대의 영문명인 HUFS, 현명한 국제전문가 양성(International +Intelligent)의 의미를 담고 있으며, 휴인(携引)의 뜻인 '이끌다, 끌고 나가다'라는 의미처럼 출판계를 이끄는 리더로서, 혁신의 이미지를 담고 있다.